莹质神工 光耀阳羡

宜兴民间收藏铜镜精品集

宜兴市文物管理委员会办公室 编

文物出版社

序

原中华人民共和国文化部孙家正部长曾在其《文化——城市的灵魂》中说："文化是城市的名片，如果要人们举出一件最可以代表他所在城市形象的事物，我想每一位的回答是不尽相同的，但是如果仔细分析各位的答案，我相信一定是和文化相关的，一定是最能够代表该城市历史的沉淀和凝结的事物。"是的，"城市名片"是展示城市形象和品牌的重要载体，例如，今天当我们一提到"紫砂壶"，几乎所有人就会联想到宜兴，即使有些人并不知道它属于中国哪个省市。

宜兴亦有"陶都"之称，但是，我与宜兴结缘并不是紫砂艺术而是铜镜。2004年4月，经一位在江苏太仓工作的宜兴铜镜收藏家的推荐，我们在太仓召开了100多人的中国古代铜镜学术研讨会，李学勤、陈佩芬等知名学者和不少铜镜收藏家出席了会议。如此大规模的铜镜专题会议在我国尚属首次，不仅推动了铜镜的研究，也关注和重视了民间铜镜的收藏。此后的历届铜镜会议，宜兴收藏家代表为数众多，使我们知道了那里是民间收藏古镜的重要地区，"宜兴镜"也在铜镜收藏界广为流传。近两年为了筹备《中国·宜兴2013年铜镜学术研讨会》，并纪念古代铜镜专题会议十周年，我多次来到宜兴。不仅亲眼鉴赏了铜镜，也思考着宜兴这个地方诗性人文的精神特质与民间收藏家众多的关系，看到了丰厚的历史文化和现实的经济发展，影响着人们的思维方式和行为方式。我深信，宜兴收藏的铜镜必将成为提升城市主题文化的一个重要内容。

出版《莹质神工 光耀阳羡——宜兴民间收藏铜镜精品集》，是会议的重要项目之一，尽管近十年来我们召开了多次会议，每次会议都配合有铜镜展览，但没有出版相关的著作。因此宜兴收藏家和我们中国文物学会青铜器专业委员会的同事们都十分重视此书的编撰工作。宜兴十余位收藏家筹集出版经费、成立编撰班子、挑选铜镜，撰写说明，反复修改，严格要求，精益求精，并请专人照相摹拓，令我十分感动和钦佩。

为了撰写此书的前言，我有幸看了全部的资料。我多次强调铜镜的魅力首先在于其本身所具有的价值。目前的现实是：由于立足点不同，观察问题的思路有异，对民间收藏的铜镜，专业学者与收藏家是一边冷一边热，反差很大。本来不少学者包括一些著名学者对铜镜的学术价值评价就不高，对民间藏镜更不重视。相反，有的收藏家却无限提升铜镜在中国青铜文化史上的地位，极力夸大在中国文物发展史中的作用，或炫耀其藏品之神奇，或强调其研究课题之重大，明显流露出过度功利化、浮躁炒作的倾向，结果是适得其反。因此，如何正确认识中国古代铜镜尤其是民间藏镜，应有理性的思维，贬低和拔高均是不可取的。多年以来我一直鼓励民间收藏家出版铜镜著作，我认为这是打开学术沟通和知识对话的一个重要途径，是与文博考古科技学者建立更深层次交流的手段。走进学术圈，扩大影响力，不仅能提高收藏品味，更能促进镜鉴学的发展。

阅读本书书稿，看着许多"品相精美"、"版模一流"的铜镜，心里自然萌生不尽的美感，享受着中国铜镜特有的品味。审美的愉悦会带来思考的魅力，我想品相完美、刻画精致确是收藏的一个重要目的和追求，是一种收藏境界，但不是唯一。要认识铜镜的历史、艺术、科技价值，必需沉静身心去研究、去挖掘、去表现。

本书以朝代为纵线，遴选出春秋、战国、汉、唐、宋、元、明各个时期的200余面铜镜，具有一定的时空涵盖面和不同时期的许多珍品，还特别突出了某些时代和一些铜镜类型，汉镜为数最多，其中博局镜和多乳禽兽带镜各有40余面，几乎占了收录铜镜数量的一半。毫无疑问，这两类铜镜成了本书独特的体系符号和主题模式。数量虽多，但并不感到重复和单调，为什么？我认为这是因为它们为学科的发展和研究的需要提供了有价值的信息。这些信息包括：第一，新的、少见或罕见的一些纹饰和铭文。首先应该说明的是，新的信息在本书其他类型铜镜中也能看到，只不过在这两类铜镜中显示的更为突出，读者可通过图像和说明去了解，这里就不列出。第二，可进行较全面归纳对比的系统资料。例如博局镜，既有完整的理论概念系统、固定的规矩范式和程式化的表现手法，更有当年工师们演绎出的各自风采，相似中的变异处、共性中的不同点。又如古诗中称为"七子镜"的七乳禽兽带镜，主题纹饰与边缘纹饰交相辉映，而边缘纹饰更突破了乳钉的分割和限制，巧寓变化。本书作者就是在捕捉这些变化之中去了解一个时代艺术风格的共性、普遍性和丰富性的。第三，为鉴定铜镜增加了许多参照系数。出版民间藏镜，鉴定真伪是各方最为关注的事情，是体现著作学术价值的首要环节。见多识广，具有一定数量的资料，透露出更多的信息，必然为鉴定提供新的内容和新的思考。

关于出版民间藏镜，我一直强调"特色"，特色体现创新，有特色才有价值。本书是十几位藏家藏品的结集，据我所知，宜兴铜镜藏家较多，收藏铜镜数量也多，每位藏家各有所长，均有爱不释手的珍品，有的完全能自己结集出版，应该说这正是民间收藏的本质。但纵观全体，汉镜是宜兴藏家数量、种类、精品最多的藏品。因此如何体现这个特定区域收藏铜镜的整体水平，如何选择策划？实在是一个值得思考的问题。我认为本书最成功的定位是收录优势藏品，不在意时代、类型和数量的不平衡性，这就是特色和价值。能在一本著作里集中某个时代，突出几种类型，便越能向读者阐明复杂的内容，传达作者的观点，给读者留下更多的思考和总结，也可以给宜兴的藏家们留下个人出版著作的空间。

本书还有一个重要特点，即充分注意到图像和文字的交融。据我所知，作者在编辑撰写过程中多次就版式、构图、特写和铭文字数的多少与相关人员进行了讨论。看起来这似乎更多是出版社的工作，其实我认为这种探讨值得重视，具有很好的启迪作用。几十年来阅读铜镜出版物，感触良多。图录类型的著作，最大的问题是图像排列死板，构图雷同，文字说明单调，偏于沉闷。而许多考古报告、简报中的铜镜部分，罔顾铜镜的特点和阅读者的感受，照片模糊，纹饰铭文不清，文字叙述又不明白。因此，我想借此书谈点铜镜出版中的问题，希望能引起重视。

图像是直接的、形象的表现。和其他文物一样，铜镜图录或图典既需要学术水平，也需要艺术魅力。由于铜镜均为平面几何形态、尺寸不大、纹饰精细，铭文字体偏小，色泽不够丰富，易于出现审美疲劳，因此更要在图像表现上下工夫。首先要读者看清纹饰，辨识铭文，审其品相。除精美的照片外，本书还收录了不少拓本。对于适合作拓本的铭文镜、博局镜、多乳禽兽带镜等众多铜镜来说，上乘的拓本能获得意想不到的效果，不仅在审美艺术上，更在于对其深层次的观察上增色不少。

说明是用文字来陈述和概括的，语言的表述会直接影响学术水平。现在不少铜镜说明已成例行公事，从钮到镜缘，不分主次，逐一描述，十面百面，尤其是布局繁复的汉镜，读起来就倍感重复和乏味。本书充分利用照片、拓本、特写等具体形式，强调文字描述的准确、减省、平实，努力用不多的文字概括本镜的特点之处。我认为这在出版铜镜图录类著作中尤为重要。第一，学术性和"悦"读性并重。现实已告诉我们：注重与读者的交流，首先要吸引读者阅读。因此需要突出图像，减少不必要的描述，让读者自己去欣赏、去体悟。第二，对著作者也提出了更高的要求。为了突出铜镜的特点，就必须要著作者对此前出版的资料包括考古发掘品和传世品、对过去的研究成果包括国内外的成果尽可能有更多的了解。

以上，我对出版民间藏镜著作的重要性和如何出版一本优秀的著作发表了一些看法。在当前铜镜拍卖和收藏出现一些新的问题或新的动向的时候，我认为现实给了我们一个契机，历史给了我们一份责任，此书给了我们一些启迪。收藏到了一定阶段，应该坐下来审视我们的藏品，眼光看得更远些，思考更广泛些。学习、研究、总结，总结是一种导向，藏品是成果，著书立说是深化成果、传播成果。愿我们共同努力，出版更多、更好的民间铜镜藏品著作。

中国历史博物馆原副馆长、研究馆员　孔祥星

2012年10月

前　言

　　宜兴古称荆邑、阳羡、义兴、荆溪。宋太宗太平兴国元年（976年），避赵光义讳，改为宜兴，沿袭至今。宜兴具有7000多年历史的骆驼墩文化遗存，自秦始皇二十六年（公元前221年）建县，历2233年。

　　宜兴是中国著名的陶都，"宜兴窑"是中国著名的古瓷窑，目前已发现春秋至清代古窑址近百处，其中晋小窑墩遗址、唐涧㳦窑遗址、唐宋真武殿窑群、宋筱王村窑群、明前墅龙窑、清前进窑遗址等窑址组成。悠久的历史蕴藏了丰厚的历史遗产，阳羡文化与吴越楚文化的交融，形成了浑厚的阳羡历史文化。

　　数千年的历史文化的积淀，哺育了"教授之乡"的宜兴人，孕育了无数历史文化名人，"书画之乡"宜兴历代富收藏，如《清明上河图》、《富春山居图》宜兴人都收藏过。见证中国历史文化发展兴衰起伏的铜镜，更吸引了宜兴人欣赏艺术的眼光。在面对从齐家文化出现铜镜开始，跨越四千多年的艺术品时，我们不仅能够感知到不同时代的政治、经济、文化，感知先人的道德情操、爱情生活等社会风俗，而且可以陶冶我们的情操，让我们在欣赏铜镜精美的纹饰之时，不断探索铜镜文化艺术之美。

　　铜镜的铭文烙下了各个历史时期社会思想意识的变化、文学的发展和书体的演变，其浑厚、自然、质朴、苍茫、混沌之美，蕴含着变迁的历史文化，是青铜艺术的一朵奇葩。铜镜是一部古书，更是一幅古代的优秀书法绘画作品。

　　铜镜收藏自清代开始以来，经一代代专家和学者的不懈探索和研究，已初具雏形。正如李学勤先生所说："铜镜研究已经成为考古文物领域中有独立性质的学科分支。"

　　改革开放，国富民强，继承发展中华文明的文化精神，时代赋予了我们新的现实意义和历史使命。承载着历史和古代文明之物，将焕发出新的活力。"得天道，物自然"，先人的哲学思想和意识，将有助于我们更好地研究铜镜，为我们探索铜镜的历史文化提供了思想和思路。当前铜镜的研究正向多学科多领域延伸，在百花齐放，百家争鸣的研究氛围之下，富有哲理、寓于宗教神秘色彩之器物，将更好地推动我国古代文化之研究。

　　宜兴的收藏爱好者为了弘扬中国传统文化，丰富宜兴历史文化名城内涵，将收藏的铜镜遴选出200余面珍品，涵盖春秋、战国、汉、唐、宋、元、明各个时期，集中展示宜兴铜镜收藏爱好者的藏品风采。"路漫漫其修远兮"，现宜兴数名收藏爱好者，以己微薄之力，出版了藏品集，只是起抛砖引玉的作用，是为了让社会各界人士不断重视研究和传承铜镜文化。由于我们才疏学浅、时间仓促，有不妥之处，敬请批评指正！

张韵眠　　徐俊杰

2012年10月

目 录

图版

宜兴民间收藏铜镜精品集

001　三虎镜

春秋

直径52毫米　缘厚2毫米　重24克

藏品提供：陈碧翔

圆形，弓形钮，无钮座。三只粗线条式"S"形虎纹绕钮同向环列，回头后望，张嘴，尾部勾卷，身躯排列涡形花纹。卷缘。此镜图纹古朴，虎形态稚拙。

002　四叶镜

战国

直径91毫米　缘厚5毫米　重77克

藏品提供：宗彬斌

圆形，三弦钮。凹面方格外围为绳纹方格。纹饰由地纹和主纹组成，地纹为不规则的羽状纹。地纹之上，方格四边向外伸出四叶，叶片呈桃形，内饰叶脉纹和叠瓣纹。素卷缘。此镜地纹不规则，排列散乱，叶片硕大，图案化明显，少见。

003　四山镜

战国

直径116毫米　缘厚5毫米　重178克

藏品提供：宗彬斌

圆形，三弦钮，方钮座。座外凹面带方格。纹饰由主纹和地纹组成。地纹为羽状纹。于地纹之上钮座四角向外伸出四组花瓣和花叶，花瓣为重叠式，花叶为单叶形。每组为一花瓣直伸镜缘和一花叶弯曲平行于钮座与四山之间。它们把四山分成四区，每区有一山字，山字为左旋，底边与钮座边平行。素卷边。此四山品种较少见。

004　花叶镜

战国
直径114毫米　缘厚4毫米　重133克
藏品提供：张毅明

圆形，三弦钮，圆钮座。羽状地纹，地纹由单元纹饰范拼兑缝痕十分明显。主纹为四叶瓣纹，四叶上各叠压一个凹圆，圆圈边凸起，形成了镶边式的短斜线外廓。内凹式卷缘。

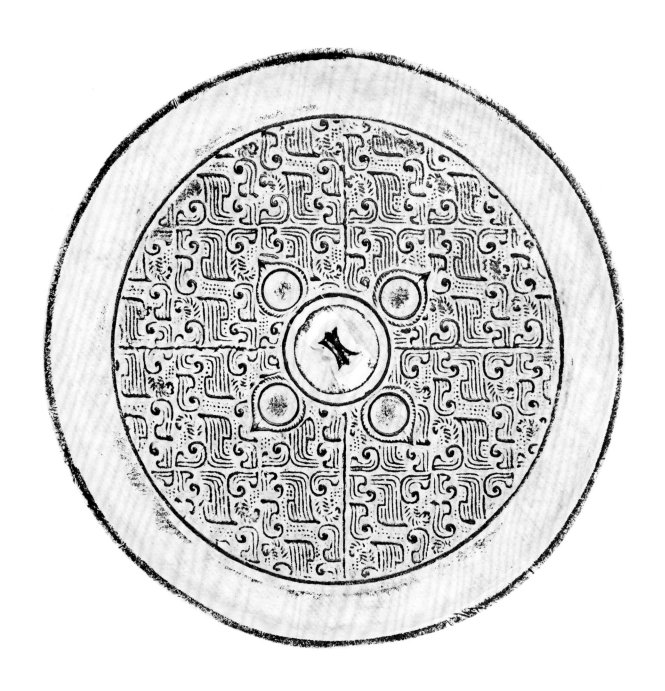

005 带状式菱花镜

战国
直径130毫米 缘厚5毫米 重237克
藏品提供：徐俊杰

圆形，三弦钮，四叶钮座。纹饰由地纹与主纹组合而成，羽状纹地纹。主纹为四条凹面形菱纹条带对称于钮两侧，V形条带正反相接，平稳而有动感。素高卷缘。

006　四山纹镜

战国
直径128毫米　缘厚4毫米　重161克
藏品提供：马少春

圆形，弦钮。纹饰由地纹与主纹结合而成，地纹为羽状纹，主纹为四山纹。方格四角向外伸出的直条带穿越呈桃形交叠的条带，条带顶端均伸出一花瓣，四个山字纹立于条带之间，与方格四边平行。内凹式卷缘。

007　四山四花镜

战国
直径139毫米　缘厚3毫米　重148克
藏品提供：潘浩峰

圆形，弦纹钮，羽状地纹。主纹为四山花叶纹，方格四角向外伸出单瓣和花瓣将主纹分为四区，每区置一山字纹，山字竖道一侧各饰一片单瓣。绳纹线条连缀着单瓣，形成四角图形叠压于山字之下。

008　五山镜

战国

直径183毫米　缘厚5毫米　重374克

藏品提供：张君文

圆形，三弦钮。纹饰由主纹和地纹构成，主纹为五山纹，"山"字倾斜，中间竖道长，其右侧各饰一花瓣，五山之间为钮外圈带向外伸出的五组连贯式花瓣。地纹为羽翅纹。内凹式卷缘。

009 三龙镜

战国

直径167毫米 缘厚5毫米 重324克

藏品提供：张君文

圆形，圆钮。两周圈带之间，主纹三龙勾连交错环绕，龙引颈昂首，双角竖起，张口露齿，前肢上扬，身躯刻画"C"形装饰。地纹为云雷纹。素卷缘。此镜虽具有图案化龙纹的特色，但身躯各部位已比较明确，神态狰狞奇诡，气韵灵动。

010　蟠螭纹镜

战国

直径197毫米　缘厚5毫米　重512克

藏品提供：宗彬斌

　　圆形，三弦钮，钮外一人三龙。纹饰由主纹与地纹组成，云雷纹地纹。主纹为三龙三菱形纹。龙头近凹面圈带，口大张，身躯屈曲迴环与菱纹衔接。素卷缘。螭龙菱纹镜是战国晚期西汉早期流行的镜型，但与此镜纹饰完全相同的镜子在国内外虽有收藏，但为数很少。

011 蟠螭菱纹镜

战国
直径186毫米　缘厚6毫米　重407克
藏品提供：张君文

圆形，三弦钮。圈带绚纹之间为细密的云雷纹。纹饰由主纹和地纹组成，主纹系由四组变形菱纹分为内外八区，内四区各配置一瑞兽与一蟠螭，瑞兽体态肥硕，短尾长足，静立于一枝蔓上。蟠螭身躯呈U形弯曲，前肢上举，一后肢立于内圈带边上，另一后肢向头部伸去，尾部上卷。外四区各一蟠螭，躯体呈环形，尾部延伸上翘，双足立于外圈带上，作行走状，内外区蟠螭以枝蔓相连。地纹为细密的云雷纹。素卷缘。

012　蟠凤镜

战国

直径240毫米　缘厚8毫米　重910克

藏品提供：宗彬斌

三弦钮，圆钮座。纹饰由主纹和地纹组成，地纹为细密的云雷纹。主纹为四组凤凰，两两对称，曲折迥环。两只具冠凤，头背向贴于内周圈带边，两只无冠凰，头相对居于纹饰带中。四凤鸟纠结缠绕，动静互交。素卷缘。此镜尺寸较大，工巧精丽，大气怡然。

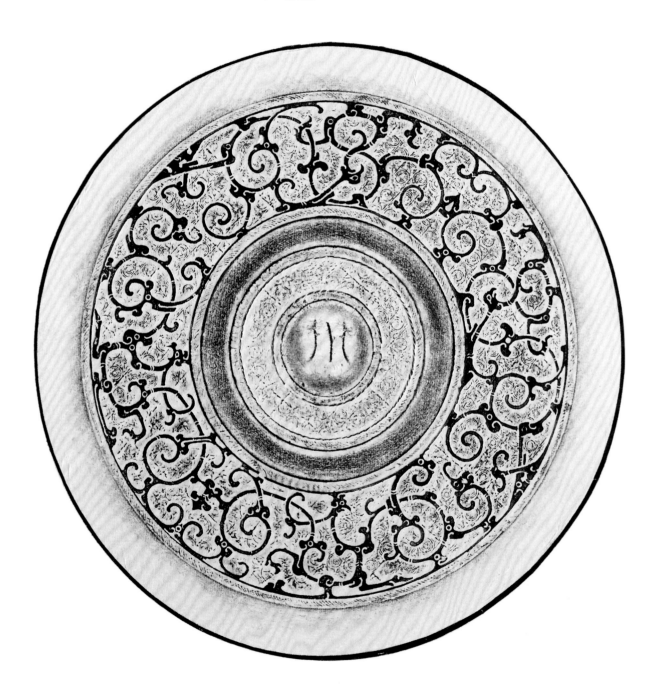

013　云雷地纹镜

战国

直径164毫米　缘厚4毫米　重370克

藏品提供：蒋军成

圆形，三弦钮，外围凹面圈带。两周绳纹间由圆涡云纹与三角雷纹构成，云雷纹排列规整。内凹式卷缘。

014 镂空复合蟠螭镜

战国
直径152毫米 缘厚3毫米 重292克
藏品提供：张君文

圆形，镜面与镜被分铸后复合而成，圆钮，柿蒂纹钮座。主纹饰为四组镂空蟠螭纹，对称缠绕，蟠螭身躯以"S"形对称，下饰两涡纹，头、腹部、尾部等处有五个圆圈纹，尾部上翘并展开做花叶状。边饰重环纹样。构思奇特，纹饰流畅，显示出雅致的审美情操和高超的工艺水准。

015　四变形兽面镜

西汉

直径75毫米　厚3毫米　重48克

藏品提供：吴曙波

圆形，三弦钮，钮外圈带内素平地张。纹饰由主纹和地纹组成，两周栉齿圈带间满饰重三角雷纹地纹。地纹之上，四组变形兽面纹环绕镜钮。内凹式卷缘。此镜画面简洁，图纹少见。

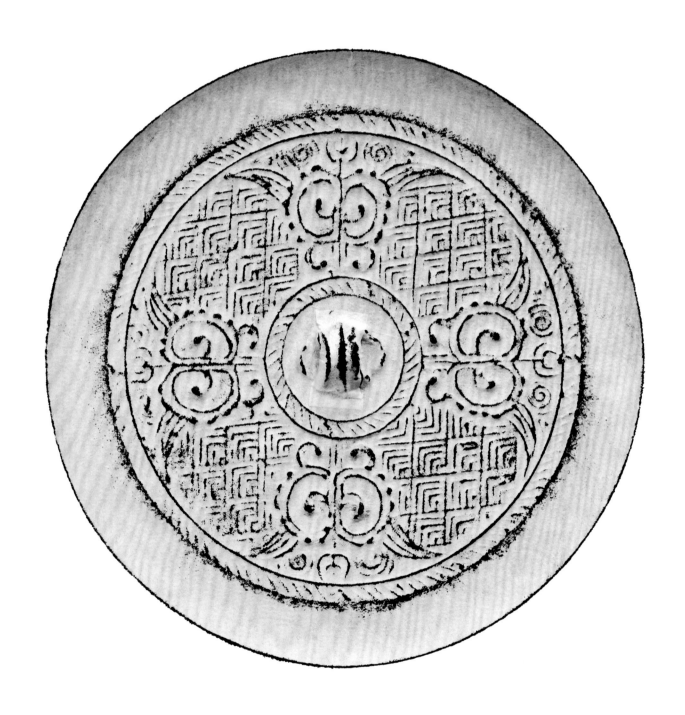

016　螭虎神树镜

西汉

直径98毫米　缘厚5毫米　重94克

藏品提供：宗彬斌

圆形，三弦钮。纹饰由主纹和地纹构成，席纹地纹。主纹为圈带外三株神树与三组螭虎相间环列。神树拔地而起，枝叶两层对称，每株树下有两只兽相对，上扑攀枝。螭虎，头部似虎，从缘内侧露出，不显脖颈，细长如螭的躯体作"S"形曲转，前肢左右屈伸，后肢一屈一伸，尾端分叉。内凹式卷缘。此镜三分式构图，神树与螭虎组合，题材内容与表现形式少见。

017 禽兽镜

西汉

直径126毫米 缘厚6毫米 重338克

藏品提供：宗彬斌

圆形，圆钮，并蒂连珠纹钮座。由两周栉齿纹构成的圈带内，钮结系扣的帛带曲折迴环，屈曲的圆弧不时被内外栉齿圈带叠压。禽兽有两只大象觅食，两只小猴攀跳，四只凤鸟，展翅飞翔或振翅站立，健牛奔驰，瑞兽低回。素宽缘。此镜图纹装饰奇巧，帛带时隐时现，形成疏密不一的空间分割，禽兽则随势安排其间，形体简练自然，情趣迸生。

018 “内清·絜清白”三龙镜

西汉

直径180毫米 缘厚9毫米 重540克

藏品提供：陆旭春

圆形三弦钮，伏螭钮座。纹饰由地纹与主纹组成，地纹由并列短斜线纹构成，钮座外均匀分布三叶纹，其外二周绳纹带中为内区铭文：“内清质以照明，光辉象夫日月，心忽穆而愿忠，然壅塞而不澈。”带外又伸出三株三叠式花瓣纹，将纹饰分为三区，每区置一龙，龙张口突眼有弯曲的长角，身躯成“S”形。外区一周铭文：“絜清白而事君，惌污驩（穢）之弇明，彼玄锡之流泽，恐疏远而日忘，懐糜（媚）美之窮（躬）嘈（體），外丞（承）驩（歡）之可説（悦），慕突（窈）佻（窕）之靈景（影），愿永思而毋绝。”高窄素缘。

019　"大乐贵富"四乳蟠螭纹镜

西汉

直径165毫米　缘厚4毫米　重452克

藏品提供：陆旭春

圆形，圆钮。外围四周绳纹圈带，圈带间尚可辨识篆体铭文："大乐富贵，千秋万岁，宜酒食。"鱼纹结句。云雷纹地纹。主纹为四乳叠压四叶间以四组蟠龙纹，龙头居中，体躯盘旋纠结。内向二十一连弧纹缘。西汉早期这类镜一般为内凹式卷边，仅以四叶分区布置龙纹。本镜钮外纹饰、铭文和地纹均不清晰，但出现叠压于四叶上的四乳和连弧纹平缘，实属罕见。

020 "心思君王"草叶纹镜

西汉

直径90毫米 缘厚3毫米 重60克

藏品提供：徐俊杰

圆形，弦纹钮，方钮座。座外饰一凹面形方框，方框外饰八字铭文"心思君王，天上见长"。铭文外方框四角饰四朵草叶，方框外四乳八草叶均布。素卷缘。品相完美，银白光包浆，局部红绿锈。

021　草叶纹镜

西汉

直径168毫米　缘厚3毫米　重428克

藏品提供：陆旭春

圆形，伏兽钮。以钮为基点向外放射出的十字形细线，时隐时现，顶端立一株草叶纹。钮外两个凹面方框，内方框四边中心点四角各伸出一株二叠式草叶，连缀外方框四角伸的出二瓣一苞花枝纹。外方框四边中心点上则叠压着围以四花瓣的乳钉，形成层层叠压有次第相连的规整图纹。内向十六连弧纹缘。

022　蟠龙博局草叶纹镜

西汉

直径210毫米　缘厚5毫米　重806克

藏品提供：徐俊杰

　　圆形，圆钮，四叶钮座。方框四角向外放射连贯式草叶纹，博局纹划分的四方位中，各饰二条相向的蟠龙，张口，曲身，伸腿，尾上卷与双层草叶相连。内向十六连弧纹缘。此镜图纹繁复，最妙的是错位变形的两个龙头，张口相对乳钉，以追求对称的装饰效果。

023 "日有熹"草叶纹镜

西汉

直径160毫米 缘厚5毫米 重598克

藏品提供：徐俊杰

圆形，圆钮，柿蒂纹钮座。座外饰双凹面方框，其间环列"日有熹，长贵富，宜酒食，乐毋事"。方框四角有两个对称的三角形回纹组成的正方形，其外四乳钉两侧各有一株二叠草叶，四角外伸出双瓣有苞花枝纹。内向十六连弧纹缘。

024　星云镜

西汉
直径154毫米　缘厚6毫米　重585克
藏品提供：徐俊杰

圆形，连峰钮，座外内向十六连弧纹。四乳间以四组星云纹，小乳繁多，连接小乳的曲线细密复杂，曲线优美，内向十六连弧纹缘。

025　星云镜

西汉
直径157毫米　缘厚5毫米　重 644克
藏品提供：徐俊杰

圆形，连峰钮，钮座由六枚乳钉与曲线相连。座外一周内向十六连弧纹圈带，两周短斜线纹之间，四枚并蒂连珠座乳钉分为四区，每区均由长短不一的弧线连缀九乳。内向十六连弧纹缘。

026　四乳"家常贵富"镜

西汉

直径158毫米　缘厚7毫米　重593克

藏品提供：张君文

圆形，圆钮，并蒂连珠纹钮座。座外饰十六内向连弧纹圈带，两周栉齿纹圈带间四枚并蒂连珠座乳钉和"家常贵富"四字铭相间环列。铭文笔画转角方折，端庄规整。十六内向连弧纹缘。

027 "清光"云雷纹镜

西汉
直径122毫米 缘厚6毫米 重284克
藏品提供：张君文

圆形，圆钮，并蒂连珠纹钮座。凸圈带外有铭文："清光平成（诚）宜佳人。"花叶纹为起讫符号。八组圆涡形云纹和斜角雷纹组成云雷纹圈带。十六内向连弧纹缘。此镜构图别致，典雅简洁。

028 "行有日"连弧铭文镜

西汉

直径131毫米 缘厚6毫米 重264克

藏品提供：陆旭春

圆形，圆钮，并蒂十二连珠纹钮座。座外与八连弧纹间有写意式和素描式的禽鸟各四只相间环绕，前者展翅飞翔，后者振翅站立，两只低头觅食，两只昂首挺立。铭文："行有日兮反毋时，结中带[1]兮长相思，而不疑，君负妾兮天知之，妾负君。"宽素平缘。陕西西安出土镜[2]与本镜铭文基本相同，其中一句为"妾负君兮万不疑"，本镜分成两处显然有误。

---

1 "结中带"释读见《前汉镜铭集释》。
2 西安出土镜见《考古与文物》，2001年第3期。

029　"日有熹"连弧铭文镜

西汉
直径157毫米　缘厚6毫米　重674克
藏品提供：徐俊杰

　　圆形，圆钮，并蒂连珠钮座。内向八连弧外圈带铭文为："日有熹，月有富，乐毋有事，宜酒食，居而必安，长毋有忧患，竽瑟侍，心志驩，乐己茂，固常然，君忘忘兮。"素平缘。此镜铭文在"日有熹"类铭文中是字句最多的，它与陕西西安出土镜铭文类似，还多了"君忘忘兮"一句，表明在汉代铭文字句的组合中，不同时期虽有流行的或约定俗成的规范句型，但增删字句的情况已成常态。

030　"皎光"连弧铭带镜

西汉

直径179毫米　缘厚6毫米　重673克

藏品提供：陈碧翔

圆形，圆钮，并蒂十二连珠纹钮座。八内向连弧纹间以一字铭文，连读为："见日之光，长毋相忘。"圈带铭文为："姚皎光而耀美兮，挟佳都而承间乎，怀驩察而惠予兮，爱存神而不迁兮，得并执而不衰乎，精昭折兮而侍君。"宽素缘。

031 "铜华"连弧铭带镜

西汉
直径233毫米 缘厚6毫米 重1425克
藏品提供：杨国良

圆形，圆钮，并蒂十二连珠纹钮座。凸圈带外内向八连弧纹，连弧间有装饰纹样。圈带铭文为："涷治铜华清而明，以之为镜，因宜文章，延年益寿，辟去不羊，与天无极，如日之光，千秋万岁，长乐未央而兮。"素宽缘。尺寸如此之大的铜华连弧铭带镜十分少见。

032 "君忘忘"连弧铭带镜

西汉
直径168毫米 缘厚7毫米 重626克
藏品提供:万春良

圆形,圆钮,并蒂连珠纹钮座。八内向连弧纹外圈带铭文:"君忘忘而失志兮,舜使心臾者,臾不可盡兮,心污结而独愁,明知非不可久处,所不已。"素平缘。

033 "日有熹"连弧铭文镜

西汉

直径175毫米　缘厚6毫米　重796克

藏品提供：张毅明

圆形，圆钮，并蒂连珠纹钮座。八连弧纹外圈带铭文为："日有熹，月有富，乐毋有事，宜酒食，居而必安，毋忧患，芋瑟侍兮，心志驩，乐已茂，而固常然。"素平缘。此镜与陕西西安范南村135号墓出土镜铭文几乎相同（《长安汉镜》图33）。

034 "昭明·皎光"重圈铭文镜

西汉

直径179毫米　缘厚7毫米　重794克

藏品提供：张毅明

圆形，圆钮，并蒂连珠纹钮座。内圈铭文为"内清质以昭明，光辉象夫日月，心忽穆而愿忠，然雍塞而不泄。"外圈铭文为"姚皎光而燿（耀）美，挟佳都而承间，怀驩而志予，爱存神而不迁，得并执而不衰，精昭折而侍君。"素平缘。

035 "昭明·清白"重圈铭文镜

西汉

直径172毫米 缘厚8毫米 重622克

藏品提供：蒋军成

圆形，圆钮，并蒂连珠钮座。内圈铭文为："内清之以昭明，光而象夫日月，心忽穆而愿忠，然雍塞而不泄。"外圈铭文为："絜清白而事君，窈污之弇明，彼玄锡而流泽，恐远日忘，美佳人，外承可兑（悦），灵景永思兮，而愿毋绝，见。"素平缘。

036　"乐有他忘"重圈铭文镜

西汉

直径111毫米　缘厚5毫米　重188克

藏品提供：陆旭春

圆形，圆钮，柿蒂纹钮座。两周圈带内铭文分别为："乐有他忘，故胃（胄）何虞，"每字间隔一"e"形符号（内圈）。"寇（察）佳貌兮不省（慎），心□易兮不□，□□□□兮相命，知人不然"（外圈）。素平缘。此镜铭文未见著录。

037 人物故事画像镜

西汉

直径185毫米 缘厚 9毫米 重493克

藏品提供：张君文

圆形，龙龟合体形钮，柿蒂纹钮座，座外四条虺龙环绕。纹饰由地纹与主纹组成。地纹为横竖交错的平行线条间以小珠纹，规整简约。主纹为人物画像，共分为四区，各区纹饰相同。每区分上下两排，上排以古树相间三组人物，分别为驯虎、听琴、二人对立画面。下排亦分左右两组画面，分别为驯豹和骑虎场面。卷缘。

此镜有32人物、8虎、4豹、16树、12座山峰及4龙、1龟龙合体，共刻划出物象77个，既有反映当时现实生活的场景，也有神话故事。1994年3月江苏徐州西汉景帝时楚国宛朐侯刘埶墓，出土一面画像镜与此镜完全相同（《文物》1997年2期）。

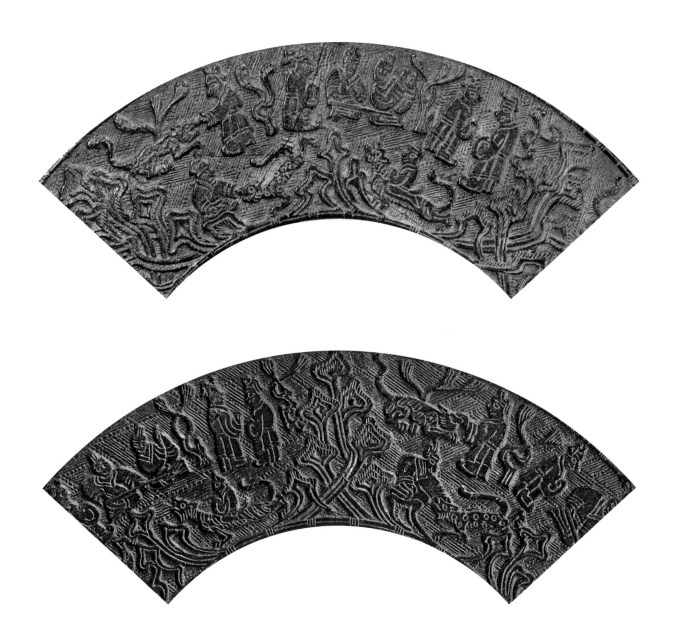

038　四乳三龙镜

西汉

直径136毫米　缘厚4毫米　重355克

藏品提供：张毅明

圆形，弦纹钮。四乳间三龙纠结，龙口大张，身躯曲转，四肢左右伸展。一龙头部近钮，身躯穿钮而过。两龙隔钮对称，张口衔乳作吞珠状，其中一龙头端有圆点环绕。内向十六连弧纹缘。西汉早期蟠龙纹各具特色，对于本镜，我们能捕捉到的则是弯曲、叠加和展开所体现的灵动和连绵。

039　波折蟠螭草叶纹镜

西汉

直径136毫米　缘厚4毫米　重349克

藏品提供：徐俊杰

圆形，连峰钮，钮外内向十六连弧纹。四乳四草叶纹，每一草叶纹两侧配置对称蟠螭纹，外圈带内环绕十六组相向而列的波折纹。内向十六连弧纹缘。西汉铜镜中放射式草叶镜是变化最多的镜型，此镜纹饰格调清隽，感觉一新。

040　四乳龙纹镜

西汉

直径130毫米　缘厚4毫米　重132克

藏品提供：张毅明

圆形，圆钮，柿蒂纹钮座。钮座外四枚柿蒂座乳钉划分的四区内均有不规则的羽状纹，以小圆点为中心向外展开，如同涟漪。其中一区饰一龙，独角张口，显露部分身躯。内向十六连弧纹缘。此镜纹饰较为特殊，连同钮座组成的五朵柿蒂花瓣似叠压在羽状地纹之上。四乳间散布的圆点纹又与繁复的星云纹相似。

041　重圈禽兽镜

西汉

直径108毫米　缘厚4毫米　重 202克

藏品提供：陈碧翔

　　圆形，圆钮，圆钮座。凸圈带将纹饰分为内外两圈，内圈有正视形兽，两眼圆瞪，前肢左右伸张。奔鹿，龙首蛇身，白虎，空间填以鸟纹和云纹。外圈为：青龙、鸟头兽、龟衔仙草、奔鹿、独角兽，间饰飞鸟和云纹。灵异瑞兽特别突出长颈，尤以青龙和鸟头兽卷曲的细长脖颈为甚。宽素缘。此镜二重禽兽带的构图独特，流畅生动。

042　四乳四虺镜

西汉

直径152毫米　缘厚6毫米　重592克

藏品提供：徐俊杰

圆形，圆钮，柿蒂纹钮座。四乳与四虺纹相间环绕，四虺头部上方饰飞鸟，外侧分别伸出青龙、朱雀、白虎、玄武的头部，内侧为瑞兽、朱雀、玉兔、西王母，王母戴胜，踞坐。素平缘。四乳四虺镜中出现西王母的极为少见。

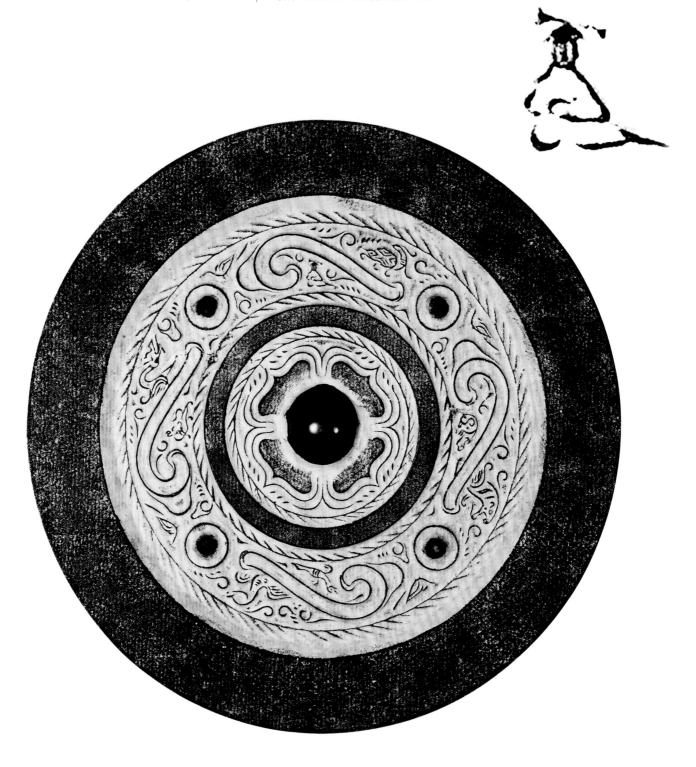

043　四乳四虺镜

西汉

直径158毫米　缘厚5毫米　重593克

藏品提供：杨国良

圆形，圆钮，柿蒂纹钮座。两周短斜线纹圈带内四乳与四虺纹相间环绕。四虺有的躯体两侧饰不同姿态的禽鸟，有的似张嘴露齿吐舌的青龙。其中一虺叠压一只虎纹，在此类铜镜中如此构图十分少见。素平缘。

044　"内青明"四乳四虺镜

西汉
直径140毫米　缘厚6毫米　重586克
藏品提供：万春良

圆形，圆钮，柿蒂纹钮座。圈带铭文："内青明，日月光，去不羊，长未央。""未央"前每个字间夹以"而"字。四乳与四虺纹相间环绕，钩形四虺两侧各饰三只小鸟。素宽缘。

045　四乳四虺镜

西汉

直径173毫米　缘厚8毫米　重838克

藏品提供：杨斌骅

圆形，圆钮，并蒂连珠纹钮座。四乳与四虺相间环绕，四虺内侧均为小鸟，外侧一端隔钮相对的二虺伸出相同的兽头，另一端间饰小鸟和云纹。素宽缘。这类铜镜图纹一般较简单，近于格式化，只在虺体两侧显示出不同的创意。此镜虺身伸出的兽头就有所变化。

046　四乳四虺镜

西汉

直径93毫米　缘厚5毫米　重164克

藏品提供：杨斌骅

　　圆形，圆钮，圆钮座。四乳与虺相间环绕，四虺成钩形躯形被座区叠压，虺身分别伸出青龙、白虎、朱雀和玄武的头部，虺侧有变形云纹。素宽缘。此镜尺寸不大，图纹简单，但突破了四乳四虺镜题材定型化的倾向，只有二虺分别叠压于内外栉齿圈带里，四区仅显露出方向不一，形态不同的虺的部分体躯，突出了四神的头部，风格特别。

047 "长乐未央"禽兽镜

西汉

直径118毫米 缘厚6毫米 重381克

藏品提供：陆旭春

圆形，圆钮，圆钮座。四圆圈铭文与二龙二虎相间环绕，铭文连读为："长乐未央。"宽素缘。以四乳相间禽兽是汉代流行的图纹，此镜构图大胆，用四圆圈铭文取代乳钉，别出新意。

048　四乳禽兽镜

西汉

直径102毫米　缘厚4毫米　重195克

藏品提供：陆旭春

圆形，圆钮，圆钮座。四乳相间的四组纹饰为展翅飞鸟，鸟嘴前三圆点纹及一株仙草样纹饰。猫头鹰，左右各一小鸟。独角兽与鹤。树间奔兔。宽素平缘。此镜猫头鹰、玉兔、兽逐鹤等内容组合在四乳禽兽镜中少见。

049　四乳禽兽镜

西汉

直径156毫米　缘厚6毫米　重509克

藏品提供：陆旭春

圆形，圆钮，柿蒂纹钮座。主纹为四乳相间四组纹饰。一组为两羽人相对嬉戏，身侧一鹿。另三组均为两瑞兽相对，一兽回首顾盼，一兽昂首相前，交相呼应，其中两兽人首兽身。宽素平缘。此镜线条细腻流畅，镜形规整，质地精纯。

一组为二羽人相对嬉戏，身侧一鹿。另三组均为二瑞兽相对，
一兽回首顾盼，一兽昂首相前，交相呼应，其中二兽人首兽身。

050　四乳禽兽镜

西汉
直径：186毫米　缘厚6毫米　重908克
藏品提供：杨国良

圆形，圆钮，柿蒂纹钮座。座外四叶花瓣间有铭文"长乐未央"，宽凸弦带外围两周栉齿纹。四枚带座乳钉将主纹分为四区，分别为青龙与羽人，白虎与双长角羊，朱雀与人面独角兽，玄武与瑞兽。宽素缘。

051　四乳禽兽镜

西汉

直径：162毫米　缘厚4毫米　重608克

藏品提供：张毅明

圆形，圆钮，并蒂连珠纹钮座。凸圈带外围两周栉齿纹，四枚四叶连珠纹乳钉分隔四区，分别饰有青龙与持芝草羽人，白虎与仙鹿，青龙与小鸟，白虎与奔鹿。素平缘。

052　四乳龙虎镜

西汉

直径151毫米　缘厚7毫米　重526克

藏品提供：张君文

圆形，圆钮，并蒂连珠纹钮座。凸圈带外围两周栉齿纹之间，四枚连珠纹乳钉与两龙两虎相间环绕，其中一龙有羽人导引，两虎均与牛相斗，或对峙，或跳跃，劲健灵动，间饰云纹。素宽缘。

053 四乳羽人龙虎镜

西汉

直径185毫米 缘厚5毫米 重820克

藏品提供：张君文

圆形，圆钮，柿蒂纹钮座。两周栉齿纹之间饰凸宽圈带，四枚圆座乳钉分隔为四区，分别饰有羽人持芝草戏龙，白虎逐青羊，隔钮相对，间饰云纹。边饰栉齿纹。素宽缘。制作精整，线条流畅，气韵灵动，光亮怡人。

054　四乳神人禽兽镜

西汉

直径120毫米　缘厚5毫米　重335克

藏品提供：杨斌骅

圆形，圆钮，圆钮座。四乳与四组纹饰相间配置，一组神人居中端坐，应为西王母，两侧分别为羽人持物和跪立瑞兽。其他三组分别是蟾蜍与飞鸟、两兽相逐和神兽戏虎。宽素缘。

055 四乳禽兽镜

西汉

直径143毫米 缘厚6毫米 重551克

藏品提供：张毅明

圆形，圆钮，四叶钮座。座外一周凸宽带纹，两周短斜纹中四乳将主纹分为四区，分饰青龙、白虎与瑞兽、青龙与小鸟、白虎与独角兽。纹饰刻画卡通，素平缘。黑漆古包浆，品相完美。

056　四乳四神镜

西汉

直径166毫米　缘厚5毫米　重779克

藏品提供：张毅明

圆形，圆钮，圆钮座，其外环绕重三角纹。四乳钉将主纹分为四区。素平缘。此镜夸大动物躯体的造型，如朱雀的身、翅、尾犹如三叶瓣托起花枝花蕊，同时还特别注重皮毛的表现，变化的线条构成了虎、龟、龙身的多种装饰。四神与四兔的组合，更是罕见。

　　四区分饰青龙、白虎、朱雀、玄武并各配置一只回首奔跑玉
兔，空白处填以鸟纹。此镜夸大动物躯体的造型，如朱雀的身、
翅、尾犹如三叶瓣托起花枝花蕊，同时还特别注重皮毛的表现，
变化的线条构成了虎、龟、龙身的多种装饰。

057　四乳四神镜

西汉

直径190毫米　缘厚6毫米　重1013克

藏品提供：杨国良

圆形，圆钮，柿蒂纹钮座。座外四叶花瓣间有铭文："长宜子孙"，其外双短斜线纹间饰宽凸弦纹。四乳将主纹分为四区，分别为青龙与瑞兽、白虎与羊、朱雀与鸟、玄武与独角兽，空间满饰云纹。宽素缘。此镜白虎、朱雀都刻画得十分生动。

四乳将主纹分为四区，分别为青龙与瑞兽、白虎与羊、朱雀与
鸟、玄武与独角兽，空间满饰云纹。

058　四乳四神镜

西汉

直径187毫米　缘厚6毫米　重957克

藏品提供：徐俊杰

圆形，圆钮，柿蒂纹钮座。叶间有小花叶纹。四乳间四组纹饰，相对两组为羽人御龙与瑞兽，白虎与牛相搏。另两组为朱鸟与持芝草羽人，玄武与独角兽，瑞兽周围填以云纹。素平缘。

059 "铜华"四神博局镜

西汉

直径166毫米 缘厚4毫米 重577克

藏品提供：杨国良

圆形，圆钮，柿蒂纹钮座。方框铭文："涷治铜华清而明，以为镜宜文章，延年益寿去不羊。"四乳与博局划分的四方八区内分别配置青龙与独角兽、白虎与狮形兽、朱雀与飞马和玄武与骑瑞兽羽人。"T"、"L"间各置一只不同姿态的禽鸟。变形菱形纹缘。汉代四神博局纹镜禽兽组合虽已形成流行格式，但不时出现一些新鲜的配置，尤其是禽兽的刻画更是风貌种种，如本镜的禽兽，正是尽情尽兴，栩栩如生。

060 "君忘忘"四神博局镜

西汉
直径280毫米 缘厚5毫米 重1450克
藏品提供：张君文

圆形，圆钮，柿蒂纹钮座。钮座外勾勒与其同形的弧线纹，四角饰花叶纹。方框之间铭文为："君忘忘而失志兮，舜使心臾者，臾不可尽兮，心污结而独愁，明知非不可处，志所驩不能已之。"四乳和博局纹划分的四方八区内，形体较大的四神分居四方，躯体位于T和L之间，前后配置形态较小的羽人禽兽。分别为羽人导龙、二鹿、二鸟，羽人导虎、兽、四飞鸟、鹿，羽人导朱雀、六鸟，玄武与六鸟、二兔、一龟，间饰满密的云气纹。素宽缘。此镜尺寸较大，四神华美，形体突出。本镜铭文采用李零《读梁鉴藏镜四篇》释读。

061 禽兽博局镜

东汉

直径152毫米 缘厚4毫米 重511克

藏品提供：徐俊杰

圆形，圆钮，柿蒂纹钮座。博局纹划分的四区内，四乳置于方格四角外，两组羽人与瑞兽，青龙、白虎与瑞兽，互相嬉戏。双线波折纹缘。

此镜突出的特点是最大限度地利用空间，把常见的
题材刻划得灵动自然。羽人禽兽相呼相应，顾盼生意，尤
其是昂首屈身，抬手翘腿的羽人，轻巧姿柔，达致完美。

062　神人禽兽博局镜

东汉

直径130毫米　缘厚6毫米　重378克

藏品提供：宗彬斌

圆形，圆钮，柿蒂纹钮座。四乳钉配置于方格四角外。博局纹划分的四方八区内分别为西王母和玉兔捣药，王母戴胜。二鹤相对，各衔一鱼。蹲坐瑞兽与鹿。蹲坐瑞兽与多角兽相戏。画纹带缘，缘上五龙相随，身躯悠长。在程式化的博局镜禽兽纹中，此镜图纹内容力求新意，人物瑞兽形象多变，尽避雷同。作为缘饰的五条龙，虽形态相同，其瘦长灵动却适合了镜缘纹饰反复连续的特点。

063 "得天道"四神博局镜

新莽

直径213毫米 缘厚5毫米 重979克

藏品提供：徐俊杰

圆形，圆钮，柿蒂纹钮座。柿蒂内部分镂空。十二乳与地支铭相间环绕。博局纹划分的四方八区内，分别配置青龙与两羽人，白虎与两瑞兽，朱雀与禽鸟瑞兽，玄武与禽鸟独角兽。圈带铭文为："得天道，物自然，食玉英，饮澧泉，驾非（蜚）龙，乘浮云，白虎引，上大山，凤凰候，见神鲜，赐长命，寿万年，宜官秩，保子孙。"云气纹缘。河南洛阳出土镜铭文中有"天道得，物自然"句（《洛阳烧沟汉墓》图73-1）。《淮南子·兵略训》有"上得天道，下得地利、中得人心"，《论衡·自然》有"天地为之乎，物自然也"等有关记载。

064 "新兴"四神博局镜

新莽

直径186毫米 缘厚5毫米 重975克

藏品提供：徐俊杰藏品提供：徐俊杰

圆形，圆钮，圆钮座。十二乳与地支铭相间配列。博局纹划分的四方八区内配置八乳四神等，分别为青龙与瑞兽，白虎与蟾蜍，朱雀与羽人，玄武与独角兽。圈带铭文为："新兴辟雍建明堂，然于举土列侯王，将军令尹民户行，云朝真（殄）灭见青黄，诸生万舍在北方，郊祀星宿并共皇，左龙右虎主四彭，子孙复具治中央。"外环绕一圈栉齿纹，云气纹缘。此镜铭文是"新兴辟雍"系列中字数最多的。第三句未释读四字在其他同类镜铭中有"虏胡殄灭见青黄"句。

065 "新兴辟雍"简化博局镜

新莽

直径140毫米 缘厚3毫米 重485克

藏品提供：徐俊杰

圆形，圆钮，圆钮座。方格内饰八乳及铭文"新兴辟雍建明堂，然"。方格与四乳划分的四方八区内，羽人禽兽配置于T纹两侧：青龙与禽鸟。白虎与兽。二羽人，一躬一仰，手捧芝草。禽鸟与独角兽。云气纹缘。具有"新兴辟雍"字句的铭文虽然字句多少不同，但像本镜铭文仅有完整一句和另一句第一字，且配置于方格内，十分少见。

066 "新有善铜"博局镜

新莽

直径133毫米 缘厚5毫米 重400克

藏品提供：宗彬斌

圆形，圆钮，圆钮座，九枚乳钉环列钮座。方框四角有"长宜子孙"铭文。博局纹划分的四方八区内配置八乳及云纹和花形纹。圈带铭文缘，铭文为："新有善铜出丹阳，和以银锡清且明，左龙右虎掌四旁，朱雀玄武顺阴阳，八子九孙治中央。"此镜纹饰虽然简单，但边缘圈带铭文十分突出，用笔沉稳，庄重博大，比较少见。

067 "新兴辟雍"博局纹镜

新莽

直径188毫米 缘厚50毫米 重812克

藏品提供：陆旭春

圆形，圆钮，圆钮座。座外方格间以十二乳和十二地支铭。中圈铭带将"T"、"L"、"V"分隔于内外，圈内四"T"八乳对称配列，外圈较窄的圈带里，"L"、"V"与四神等相间环列，四神均隔"V"与其他羽人禽兽相对，组成羽人导龙等组合。中圈铭文为："新兴辟雍建明堂，然于举土列侯王，将军令尹民户行，诸生万舍在北方，郊祀星宿并共皇，子孙复具治中央。"云气纹缘。此镜从中心圆座、方格到中间圆圈的布局，再联系到铭文内容，似乎要展现古代文献所记载的明堂中心圆外围方和辟雍"环水"的建制。

068　"尚方御竟"四神博局镜

新莽

直径163毫米　缘厚 4毫米　重552克

藏品提供：张君文

　　圆形，圆钮，镂空柿蒂纹钮座。方框内十二枚乳钉间隔十二地支铭。方框、博局纹和八枚乳钉划分的四方八区内分别配置青龙捧日与禽鸟，日中有金乌。白虎捧月与独角兽，月中有蟾蜍。朱雀与人面鸟身神禽，玄武与两羽人相对，间饰小鸟、奔鹿、仙鹤等纹饰。圈带铭文为："尚方御竟大毋伤，左龙右虎掌三旁，朱鸟玄武顺阴阳，上有仙人高敖（遨）羊（翔），子孙备具居中央，长保二亲乐富昌，寿敝金石为侯王，宜牛羊兮。"结尾饰一小鸟。两周三角齿纹夹以双线波折纹缘。

069 "长宜子孙"对鸟博局镜

新莽

直径130毫米 缘厚5毫米 重416克

藏品提供：徐俊杰

圆形，圆钮，柿蒂纹钮座。方格四边中心向外伸出的"T"与"L"相对，"T"、"L"两侧配置乳钉和背向禽鸟。连接四角与栉齿圈带的长方形内，各有一字铭文，连读为"长宜子孙"。变形云纹缘。此镜是一面十分特殊的博局镜，简率的主纹禽鸟和鲜明的边缘云纹对比强烈，尤其是以具铭的长方格代替"V"，象征四维，如此变形的博局构图颇有创意，应是刻意为之。

070 "佳镜·日有熹" 四神博局镜

新莽

直径166毫米 缘厚5毫米 重695克

藏品提供：陈碧翔

圆形，圆钮，圆钮座。九乳间以变形云纹。圆周外博局纹划分的四方八区内分别为：青龙与羽人、白虎与瑞兽、朱雀与飞鸟、玄武与瑞兽。圆周与"V"纹相连的四个长条格内各有三字铭文，连读为："日有熹，宜酒食，乐毋事，常大富。"其外圈带铭文："作佳镜哉真大好，上有仙人不知老，渴饮澧泉饥食枣，浮游天下敖三海，寿敝金石为国保。"双线三角圆点纹缘。古代"盖天说"认为天宇如盖，此镜虽无方格，但处在"四维"方向的三字铭文条带，犹如系紧车盖的四条络带，此种布局罕见。

071 "汉有名铜"四神博局镜

东汉

直径204毫米 缘厚6毫米 重1268克

藏品提供：杨斌骅

圆形，圆钮，圆钮座。座外双线方框与凹面方框间环列十二乳钉与十二地支，其外八个内向八连弧钮座乳钉与"T"、"V"、"L"纹将主纹分为四方八区，分饰青龙与独角兽，朱鸟与瑞兽，白虎与正面兽，玄武与瑞兽。外区铭文为："汉有名铜出丹阳，以之为镜宜文章，左龙右虎主四旁，朱爵玄武顺阴，八子九孙治中央。"近缘处饰短斜线纹，宽平缘上饰锯齿纹及变形鸟纹。此镜宽缘上的变形鸟纹刻画华美，品相一流，极其难得。

072 "汉有名铜"四神博局镜

东汉
直径204毫米 缘厚6毫米 重1268克
藏品提供：徐俊杰

圆形，圆钮，圆钮座。方格间环列十二乳与地支，博局纹分为四方八区，分饰：青龙与独角兽，朱鸟与瑞兽，白虎与正面兽，玄武与瑞兽。圈带铭文为："汉有名铜出丹阳，以之为镜宜文章，左龙右虎主四旁，朱爵玄武顺阴，八子九孙治中央。"缘上饰变形鸟纹穿插于"S"形云纹中，妍丽纤巧，更显神韵。此镜与本书前一面铜镜几乎完全相同，只是在缘饰中比该镜少了一个细线圈带，甚为难得。

073
"上华山"中圈带铭文四神博局镜

东汉

直径165毫米 缘厚4毫米 重537克

藏品提供：杨国良

圆形，圆钮，圆钮座。座外圈带中环绕九乳间以云纹。中圈铭带将"T"、"L"、"V"分隔于内外，圈内四"T"八乳对称配列，间以云纹。外圈较窄的圈带里，"L"、"V"与四神等相间环列，四神均隔"V"与其他羽人禽兽相对，组成羽人导龙，白虎、朱雀、玄武分别配置瑞兽等组合。中圈铭文："上此华山见神人，长宜官秩葆子孙，君食玉英饮醴泉，参驾非（蜚）龙乘浮云。"双线波折纹缘。

074　四神博局镜

东汉

直径168毫米　缘厚4毫米　重590克

藏品提供：杨斌骅

圆形，圆钮，圆钮座。圈带内九乳与云纹相间环绕。方格四内角各有一铭文，合为"长宜子孙"。乳钉与博局纹划分的四方八区中，分别配置青龙与持仙草羽人，白虎与仰面躺身瑞兽，朱雀与瑞兽，玄武与独角兽，间饰云纹。云气纹缘。

075 "服此镜"四神博局镜

东汉
直径161毫米　缘厚5毫米　重561克
藏品提供：杨斌骅

圆形，圆钮，圆钮座。钮外九枚乳钉间云纹环绕，双线弦纹圈外双线凹方格，方格内四角饰四云纹。博局纹间配置为青龙及羽人，白虎与兽，朱雀与独角兽，玄武与禽鸟。近缘处一周短斜线纹。最突出的是边缘，在两圈锯齿纹间有一圈铭文，铭文为："服此镜，是大神，使其身，伏三（四）陈，长富贵，无忧患，镜清明，传子孙，昭匈脅，身全，象衣。"此镜黑漆古包浆，边缘文字优美，装饰风格少见。

076 "上大山"四神博局镜

东汉

直径143毫米　缘厚5毫米　重532克

藏品提供：张毅明

圆形，圆钮，圆钮座。方格内十二乳钉纹间以十二地支铭。铭文圈带将"T"、"L"、"V"分隔于内外，圈内"T"形两侧饰乳钉和云气纹。外圈"L"、"V"间有羽人、青龙、白虎、瑞兽、二朱雀和二玄武，其中二朱雀和二玄武均背向排列。中圈铭文为："上大山，见神人，食玉英，饮澧泉，宜官秩，保子孙，乐未央，贵富昌。"云气纹缘。

077 "柰言"四神博局镜

东汉

直径190毫米 缘厚6毫米 重1058克

藏品提供：张君文

圆形，圆钮，柿蒂纹钮座。内方格铭文："柰言之始自有纪，涑治同锡去其宰，辟除不羊宜古市，长。"外方格十二枚乳钉间隔十二地支铭。博局纹和八枚柿蒂纹座乳钉划分的四方八区内分别配置青龙与独角兽，白虎与瑞兽，朱雀与鹿，玄武与正面兽。"T"纹与"L"纹之间饰仰首兽、羽人持芝草戏飞鸟、回首兽、奔兽，间饰小鸟、飞禽、瑞兽等纹饰，云气纹缘。此镜纹饰满密，内外方格中"柰言"和十二地支的布局少见，河南南阳新莽墓出土镜与此布局相似，只是"柰言"和地支位置相反。(《南阳出土铜镜》图196)

078 "此有佳镜"四神博局镜

东汉

直径165毫米　缘厚6毫米　重685克

藏品提供：宗彬斌

圆形，圆钮，圆钮座。圆圈内九乳与铭文相间环列，铭文为："日月熹，宜酒饮，常富贵。"其外大方格四角与"V"纹几乎相接，方格内有铭文："服此镜，是大神，使巨身，作三（四）陈，长富贵，无忧患，镜清明，传子孙。"博局纹划分的四区内，分饰青龙与瑞兽，白虎与瑞兽，朱雀与羽人，玄武与瑞兽。圈带铭文缘，铭文为："此有佳镜成独好，上有山（仙）人不知老，渴饮澧泉饥啖枣，浮游天下熬三海，寿敝金石为国保，长生久视今常在，示何好。"此镜钮外圈带铭文、方格铭文及边缘铭文的三重式铭文构图十分少见。

079 "长宜子孙"四神规矩镜

东汉

直径173毫米 缘厚5毫米 重685克

藏品提供：宗彬斌

圆形，圆钮。九乳绕钮环绕，方格四角内有篆书铭文"长宜子孙"。博局纹划分的四方八区内分置四神禽兽及八乳，各方位在"T"两侧、"T"、"L"之间及"T"、"L"两侧又作三层式构图。青龙方位：二飞鸟相对、跪伏羽人、青龙瑞兽羽人。白虎方位：二飞鸟相对、羽人玉兔捣药、白虎瑞兽羽人。朱雀方位：二立鸟相对、羽人玉兔捣药、青龙羽人玉兔。玄武方位：飞鸟芝草瑞兽、二羽人相对、玄武长角兽。另外在方格四角与四V之间又有跨方位的三个羽人及一兽。云气纹缘。此镜多重布局，空间填满，物像众多，异彩纷呈。

080　四神博局镜

东汉

直径216毫米　缘厚6毫米　重1168克

藏品提供：宗彬斌

圆形，圆钮，柿蒂纹钮座。方格间十二乳间以地支铭。博局纹与八乳划分的四方八区内，分别配置青龙，持芝草羽人与禽鸟，白虎与独角兽，朱雀与骑鹿羽人，玄武与瑞兽，四神均隔"V"纹与相邻的禽兽相对。其外一圈变形菱纹。云气纹缘。

081　"作佳镜"四神博局镜

东汉

直径185毫米　缘厚5毫米　重785克

藏品提供：蒋军成

圆形，圆钮，柿蒂纹钮座。方格十二乳钉间间以十二地支铭。八枚连弧纹乳钉及博局纹划分的四方八区内分别配置四神及羽人禽兽：青龙与禽鸟，龙头前饰日中金乌。白虎与瑞兽，虎头前饰月中蟾蜍。朱雀与禽鸟及羽人。玄武与羽人骑鹿。圈带铭文为"作佳镜真大好，上有仙人不知老，渴饮玉泉饥食枣，浮游天下敖四海，寿如金石之国保，富贵昌兮"。云气纹缘。

082 "尚方"四神博局镜

东汉

直径219毫米 缘厚5毫米 重800克

藏品提供：蒋军成

圆形，圆钮，柿蒂纹钮座。方框十二枚乳钉间间以十二地支铭。八乳与博局纹划分的四方八区内分别为青龙与人首鸟身句芒，白虎与独角兽，朱雀与羽人骑鹿及玄武与二羽人。四神均隔"V"纹与相邻方位的纹饰相对，形成羽人导龙等组合。圈带铭文："尚方佳镜真大巧，上有仙人不知老，渴饮玉泉饥食枣，浮游天下敖四海，寿如金石国之保，乐兮。"云气纹缘。

083　"湅言之始"四神博局镜

东汉

直径192毫米　缘厚5毫米　重852克

藏品提供：徐俊杰

　　圆形，圆钮，圆钮座。九乳间饰"子、丑、寅、卯、辰、巳、午、未、申"九个地支铭。四乳纹将主纹分为四区，分别配置羽人手捧芝草导引青龙，白虎与瑞兽，朱雀与羽人骑鹿，玄武与羽人、瑞兽。圈带铭文为："湅言之始自有纪，涷治铜锡去其宰，辟除不详（祥）宜古市，长葆二亲利孙子，浮游天下为身宝，寿敝金石西王母。"云气纹缘。本镜玄武组合，在熊形兽上方加饰羽人，两者眼神专注，同向前望，与玄武呼应，为少见的玄武组合，却别有情趣。

084　四神博局镜

东汉

直径183毫米　缘厚5毫米　重866克

藏品提供：徐俊杰

圆形，圆钮，圆钮座，方格间十二乳间饰云纹。博局纹划分为四方八区，分饰青龙与独角兽，白虎与仰面瑞兽，朱鸟与人面兽身独角兽，玄武与羽人。近缘处饰短斜线纹。镜缘锯齿与连珠纹圈带间饰卷草纹、青龙、白虎、禽鸟、羽人。许多四神禽兽博局镜有一个共同点，就是突出线条的飘逸和夸张禽兽的形态，以求灵动之美，本镜布局疏朗，更显秀巧，又在镜缘的云纹中十分和谐的填入五只雏鸟，三分配列平雕式的龙虎和羽人，这小小的变化，反映了当时工师们各有所思，各展所长。

085　"汉有名铜"四神博局镜

东汉

直径182毫米　缘厚5毫米　重888克

藏品提供：徐俊杰

圆形，圆钮，圆钮座。方格内十二乳与地支相间。四方八区内配置八乳和四神，分别为青龙与独角兽，白虎与瑞兽，朱鸟与瑞兽，玄武与羽人。圈带铭文为："汉有名铜宜为镜，王侯夫人乃汉相，时时东出·民师卿□□·玄□案郡□张官□毋极不□□□□。"云气纹缘。铭文少见。

086　"秦言"四神博局镜

东汉

直径163毫米　缘厚5毫米　重652克

藏品提供：徐俊杰

圆形，圆钮，圆钮座。方框之间环列十二乳及地支，博局划分的四方八区内，分列青龙与羊、白虎与独角兽、朱鸟与仰面瑞兽、玄武与羽人。外区铭文为："秦言之纪从竟始，苍龙在左，白虎居右，君宜官，宝孙子。"

087 "作佳镜"四神博局镜

东汉

直径189毫米 缘厚5毫米 重943克

藏品提供：徐俊杰

圆形，圆钮，圆钮座，座外方格之间十二乳钉与地支铭相间排列。博局纹区分的四方八区内分饰青龙与禽鸟、白虎与蟾蜍、朱鸟与禽鸟、玄武与羽人。羽人禽兽隔"V"纹两两相对。圈带铭文为"作佳竟哉真大好，上有仙人不知老，渴饮玉泉饥食枣，浮游天下敖三海，寿如金石为保"。云气纹缘。

088　描金龙虎博局镜

东汉
直径134毫米　缘厚4毫米　重347克
藏品提供：徐俊杰

圆形，圆钮，柿蒂纹钮座。博局纹与四乳划分的四区内，图纹采用描金工艺。二龙二虎隔钮配置，身躯均跨越"T"、"L"之间。龙双角翘起，虎侧头正视，立耳，长尾上卷。宽平缘上饰卷云纹。此镜虽部分龙虎描金剥落，但仍不失为汉代描金工艺的杰作，图纹线条柔中有劲，描绘工巧精丽，存世较少。

089 禽兽博局镜

东汉

直径162毫米 缘厚5毫米 重635克

藏品提供：宗彬斌

圆形，圆钮，圆钮座。座外八枚乳钉与小鸟、云纹相间环绕。博局纹划分的四方八区内分别为西王母与瑞兽，王母戴胜，侧面端坐，手持芝草。羽人持芝草导引青龙。二只飞禽，一口衔仙草。白虎与瑞兽。云气纹缘。西王母是汉镜中常见的图纹，但其形象明显有定型化的倾向，本镜中侧面而坐的身姿就颇有创意。

090　"贤者"禽兽博局镜

东汉
直径154毫米　缘厚4毫米　重589克
藏品提供：宗彬斌

　　圆形，圆钮，圆钮座。方格与博局纹划分的四方八区内配置八乳和四神纹，分别为青龙与羽人，白虎，朱雀，玄武与一瑞兽，圈带铭文为："贤者戒己仁为右，怠忘毋以象君子，二亲有□。"画纹带缘，其上为平雕四神夹缠枝花卉纹。《鄂州铜镜》附录图274镜铭文有四句，作者释读其中"怠忘"作"思念"，"有□"作"有疾（男）"。此镜中的"仁"，也有释读为"下"，"怠忘"作"息念"的。

091 "清而明"禽兽博局镜

东汉

直径136毫米 缘厚4毫米 重393克

藏品提供：宗彬斌

圆形，圆钮，柿蒂纹钮座。圈带内九乳与铭文相间，铭文为："清而明，左龙右虎主四旁。"其"主四"二字上下布置，极少见。方格与博局纹划分的四方八区内，分别为青龙与仰躺独角兽，朱雀与持芝草羽人，飞禽与起舞羽人，立鸟与飞鸟。缘上饰四虺纹，其中三虺身侧有一瑞兽，虺端有三禽鸟、一兽。此镜主题纹饰看似平平，但活跃的线条勾勒出十分生动的画面，起舞的羽人惟妙惟肖，四只禽鸟巧寓变化，又将曾经流行的四虺纹移植于边缘，略加改造，以显奇特。

092 "长宜子孙"禽兽博局镜

东汉

直径183毫米 缘厚4毫米 重874克

藏品提供:张君文

圆形,圆钮,圆钮座。其外圈带内钮座叠压一玄武,乳钉分列四方。方框四角内各一铭文,合为:"长宜子孙。"方框、博局纹和八枚柿蒂纹座乳钉将主纹饰分为四方八区,分别配置青龙与长角羊,俯首白虎与仰首兽,展翅朱雀与羽人,独角兽与瑞兽。禽兽均隔"V"纹两两相对,形成羽人导龙等纹饰组合,空间填以云纹和珠点纹。齿纹和"S"形云纹缘。此镜钮下叠压玄武间以四乳,圈带又叠压方格,在博局镜中较为少见。

093 "泰言"禽兽博局镜

东汉

直径162毫米 缘厚4毫米 重670克

藏品提供：蒋军成

圆形，圆钮，圆钮座。方形内十二乳钉地支相间。博局划分的四方八区内，分别为青龙与羽人，白虎与独角兽，朱雀与瑞兽，瑞兽与羊。圈带铭文为："泰言之纪从镜始，苍龙左（在）左，白虎居右，君官，长宜子孙。"画纹带缘内变形云纹间饰鹿，蛇缠绕鱼，朱雀，长尾狐，玉兔。

094　"日大利"简化博局镜

东汉

直径113毫米　缘厚4毫米　重262克

藏品提供：陆旭春

圆形，圆钮，柿蒂纹钮座。方格、四"T"与八乳划分的四方八区内饰简单的云纹，圈带铭文为："日大利，泉自至，米再多，酒而河，闲毋事，时相过。"菱形同心结间以"S"形云纹缘。此镜铭文词句少见，语言朴实无华，却直述当时的价值观念和文化现象。

095
"君宜子孙"简化禽兽博局镜

东汉

直径116毫米 缘厚4毫米 重338克

藏品提供：宗彬斌

　　圆形，圆钮，圆钮座。方格铭文为："秦言之纪从镜始，苍龙在左，白。"方框和"T"、"V"划分的四方八区内，八乳和青龙、白虎、朱雀和瑞兽布列四方。缘上一周连珠纹，"S"形云纹间以篆书铭文："君宜子孙。"此镜主题纹饰草率带过，边缘装饰则刻意为之，犹如镂雕在纹饰上的四个铭文，古朴大度，独标俊异，气势自生。再次证明，当许多博局纹配置的四神禽兽，艺术表达过于单一，艺术内涵偏于沉闷之时，作镜工师往往在镜缘上寻求突破。

096 "泰言"云纹博局镜

东汉

直径140毫米 缘厚5毫米 重483克

藏品提供：杨斌骅

圆形，圆钮，柿蒂纹钮座。四方八区中圈带乳钉为主，空间填以变形云纹。其外的圈带被"L"、"V"分为八段，每段有三字铭或二字铭，连读为："泰言之纪从镜始，湅治同（铜）易（锡）去其宰，长保二亲利孙子。"近缘一圈短斜线纹。云气纹缘。此镜四方八区内八枚乳钉特别突出，圈带铭文又被"L"、"V"纹分割，构图较为少见。

097　羽人神兽奏乐博局镜

东汉

直径131毫米　缘厚4毫米　重364克

藏品提供：张毅明

圆形，圆钮，柿蒂纹钮座。方格、四乳钉及博局纹划分的四方八区内分别配置青龙吹排箫与羽人吹埙、白虎持饶与羽人执锤敲击、白虎吹笛与羽人起舞、两羽人对舞。画纹带缘，其上有两羽人导青龙、羽人戏牛、白虎、朱雀、奔兔、正面瑞兽等。此镜乐舞内容丰富，缘饰图纹鲜明。

098　四乳四神镜

东汉

直径120毫米　缘厚4毫米　重258克

藏品提供：万春良

圆形，圆钮，柿蒂座乳钉间分置青龙、白虎、朱雀、玄武。画纹带缘，其上平雕式禽兽叠压在卷曲的枝条和连珠圈带上，变形夸张，装饰性强，比线条式的主纹更显优美俊秀。

099 "令月"四乳禽兽带镜

东汉

直径114毫米 缘厚5毫米 重293克

藏品提供：张君文

圆形，圆钮，圆钮座。钮座外围饰一周栉齿纹，其外两周凸弦纹带之间铭文为："令月吉日作此物，二姓合好坚如般（磐），□阳如蒲□，般石以结休。"纹饰为四枚柿蒂纹座乳钉与青龙、白虎、朱雀、玄武相间环绕。剔地平雕画纹带缘，一周连珠圈带外饰羽人持芝草、奔鹿、九尾狐、青龙、飞鸟等纹饰，连绵缠绕。此镜铭文寄托着对美满婚姻的深情，前几句在江西南昌东汉墓出土的七乳禽兽镜上亦看到（《考古》1978年第3期）。

100　四乳四神镜

东汉

直径132毫米　缘厚6毫米　重372克

藏品提供：杨国良

圆形，圆钮，圆钮座。两圈带间饰圆点纹。四枚柿蒂座乳钉划分的四区内分别为青龙、白虎、玄武、羽人朱鸟相对。外有五周凸弦纹，一凸弦纹上饰有间断椭圆纹。缠枝花纹缘。

101　"潘氏作"四乳神兽镜

东汉

直径162毫米　缘厚8毫米　重705克

藏品提供：杨国良

圆形，圆钮，圆钮座。座外花瓣形圈带。四乳将主纹分为四区，一区为双龙，一区为双虎，均昂首翘尾，奔驰向前。一区为三人骑三马，同向拉弓射箭。一区为羽人驾驭双虎。圈带铭文是："潘氏作竟大毋伤，上有奇守去不羊，长保二亲宜侯王。"画纹带缘上以四"五铢"钱纹分为四区，配置羽人、青龙、蟾蜍、变形瑞兽纹。此镜主纹与缘饰相映成趣，三人一组骑射图纹较为少见。

102 "吾作"四乳神人神兽镜

东汉

直径162毫米　缘厚5毫米　重403克

藏品提供：马少春

圆形，圆钮，圆钮座。四乳与神兽相间配置，以钮为中心，按神人的排列方向形成上下三段，一、三两段钮上下饰一龙一虎，形态相似，只是龙头竖起两角，均侧身张口，做奔驰状。第二段钮两侧为东王公、西王母，戴冠着袍，长巾飘举，身侧各一羽人立侍。圈带铭文为："吾作明竟，幽涷三商，配象万疆，统德序道，敬奉贤，铜（雕）克（刻）无桃，富贵安乐，其师命长。"缘内饰有青龙、朱鸟、白虎，间饰变形云纹。"无桃"，日本学者释读为"无祉"。

103 "泰言"五乳禽兽带镜

东汉

直径191毫米 缘厚6毫米 重968克

藏品提供：陆旭春

圆形，圆钮，圆钮座。座外九枚小乳钉间饰云纹与花蕾纹。五乳与五组纹饰相间环列，分别是羽人导青龙。白虎瑞兽，反向奔跑。朱雀瑞兽，一立一卧。玄武独角兽，反向行进。西王母与羽人，王母端坐，戴胜，身侧有尊、勺、杯，旁有羽人起舞。圈带铭文为："泰言之纪从镜始，调（雕）治佳镜子孙息，常刻□物好宜孙子，长保二亲乐毋已，辟如□终周复始，寿敝金石先王母。"变形鸟纹缘。

104 "大吉无恙"五乳禽兽带镜

东汉

直径142毫米 缘厚5毫米 重429克

藏品提供：陆旭春

圆形，圆钮，圆钮座。座外九枚乳钉间有铭文："大吉无恙，位至丞相。"其外五乳与瑞兽相间，分别是青龙、白虎、瑞兽，羽人骑兽，长角兽。圈带铭文："镜□已，大其利，自□（尚）庶人所造，通诸侯王，佳人玉手，正持中央。""S"形几何纹间云纹缘。此镜两圈带铭文的内容和字词在汉镜中均少见。

105　"作佳镜"五乳禽兽带镜

东汉

直径130毫米　缘厚4毫米　重355克

藏品提供：张毅明

圆形，圆钮，圆钮座。钮外八乳间隔"子丑寅卯辰巳午未"八个地支铭。五乳间饰羽人、二禽鸟、羽人、鹿、二禽鸟。圈带铭文为："作佳镜哉真大蘭，上有岑守相因连，涷治铜锡自主文。"近缘处饰短斜线纹，云气纹缘。此镜图纹简单，但五乳间两组羽人、两组二鸟的组合及铭文字词较少见。

106 "大富昌" 五乳四神镜

东汉

直径162毫米　缘厚8毫米　重705克

藏品提供：杨国良

圆形，圆钮，圆钮座。座外七乳，七乳与"大富昌，长宜子孙"铭文相间环绕。其外五枚连弧座乳之间分饰羽人、青龙、白虎、朱雀、玄武，羽人持芝草与回首青龙相对。波折纹缘。

107　"五月五日"五乳禽兽镜

东汉

直径122毫米　缘厚8毫米　重480克

藏品提供：陈碧翔

圆形，高圆钮，圆钮座。串珠纹圈带外五乳间以羽人禽兽，形成羽人导龙、正面形白虎、凤鸟与小禽、一对独角兽画面。二兽间铭文为："五月五日丙午作。"云气纹缘。在禽兽带镜中，很少见到于瑞兽间配置"五月五日"铭的内容。

108　六乳禽兽带镜

东汉

直径183毫米　缘厚6毫米　重916克

藏品提供：徐俊杰

圆形，圆钮，圆钮座。座外环列八乳间饰几何纹，六乳间青龙、独角兽、羊、白虎、朱鸟同向环列，羽人持芝草与青龙相对。双线波折纹与连珠纹缘。

109　六乳禽兽带镜

东汉

直径105毫米　缘厚4毫米　重239克

藏品提供：张毅明

圆形，圆钮，玄武钮座，玄武身体压在钮座下。座外一周弦纹，圈外一周凸弦纹带。两周短斜线纹之间为主纹，主纹为六乳相间，六乳间分饰白虎、瑞兽、朱雀、瑞兽、玄武、独角瑞兽。边缘纹饰为锯齿纹及云气纹。黑漆古包浆，品相完整。

110 "宜子孙"六乳神兽镜

东汉

直径178毫米　缘厚7毫米　重652克

藏品提供：蒋军成

圆形，圆钮，圆钮座。九枚小乳钉与变形云纹及 "宜子孙" 三字铭文相间环绕。六乳分隔的六区中分别为青龙、犀牛、瑞兽、禽鸟、瑞兽、一低头正面瑞兽。画纹带缘，其上变形云纹间饰青龙、二瑞兽、禽鸟。

111　"张氏"六乳禽兽带镜

东汉

直径191毫米　缘厚8毫米　重879克

藏品提供：宗彬斌

圆形，圆钮，圆钮座，座外双龙同向环列。六乳间分别配置六组图纹。圈带铭文为："张氏作镜四夷服，多贺国家人民息，风雨时节五谷熟，与天相保无穷极，为吏高迁胃至公卿，惠子孙。"外一周短斜线纹。镜缘为剔地纹七龙与七凤鸟相间环绕。此镜着力刻画伏兽武士身躯雄健，狂放不羁的姿态，充满强烈的生活气息，图纹内容、组合和表现手法均少见。

神人与侍者：神人披帛飘举，坐于屈膝凭几，后有羽人跪侍，手持便面，神人前盛放芝草。蟾蜍持芝草：蟾蜍蹲坐，突目张口，两前肢左持芝草，右握酒壶。

天马：天马奔腾回首，高足杯满盛物品。武士擒熊：武士奋力抓住套在熊脖上的绳索，熊则抓咬套索，无奈挣扎。

武士伏兽：武士伸腿坐地，右手按住驯服的兽，左手持壶仰头豪饮。武士欢庆：武士持壶，亦昂头酣饮，身侧高足杯内有物。

112　六乳禽兽带镜

东汉

直径144毫米　缘厚7毫米　重290克

藏品提供：宗彬斌

圆形，圆钮，圆钮座。串珠圈带外六乳羽人四神相间环绕。其中有羽人手捧三株草引导青龙。瑞兽瞪眼张口，左手持匕首，右手持索套住奋力回头的白虎。边缘饰十字圈带连接变形蟠螭纹。此镜羽人导引青龙手捧的三株草，是目前所见芝草中最突出且最为形象的，另外拟人兽擒虎的图纹在汉镜中也极少见到。

113 "尚方"六乳禽兽带镜

东汉
直径176毫米 缘厚6毫米 重587克
藏品提供：徐俊杰

圆形，圆钮，圆钮座。六乳分为六区，分饰青龙，羽人手提双鱼，鹰啄兔，白虎，青龙与禽兽，羽人与朱鸟。外区铭文为："尚方作竟四夷服，多贺君家人民息，胡虏殄灭天下復，风雨。"云气纹缘。此镜图纹中羽人提鱼导引青龙和鹰啄兔纹饰较为少见。

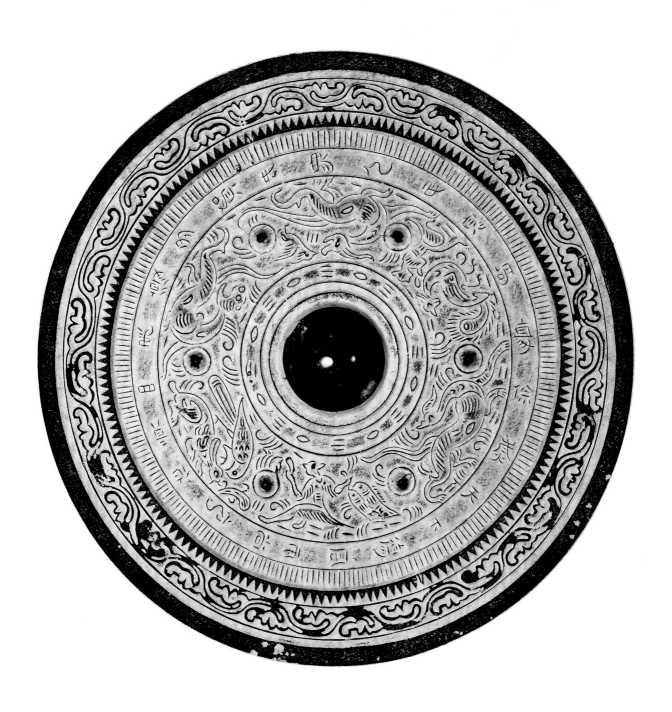

114 "袁氏"六乳禽兽带镜

东汉

直径172毫米 缘厚7毫米 重547克

藏品提供：徐俊杰

圆形，圆钮，圆钮座。六乳相间六组图纹。圈带铭文为："袁氏作竟自有意，上有□人不老，东王父，西王母，山人子，赤松子。"近缘处饰短斜线纹。缘饰锯齿纹、花草纹。

东王公与侍者，王公端坐，似抚案，榜题"东王父"。二神人对坐，榜题"西王母"。

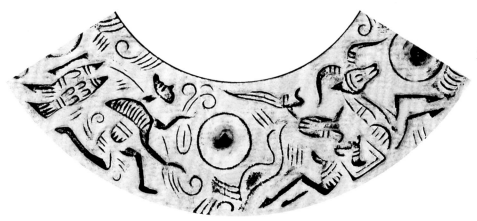

羽人骑羊。神人肩挑两鱼，手持仙草。

老鹰捕兔。神人骑马。

115　七乳禽兽镜

东汉

直径140毫米　缘厚5毫米　重435克

藏品提供：杨国良

圆形，圆钮，圆钮座。座外九枚乳钉间饰花蕊纹。两周圈带间有五个平雕式飞禽环绕。其外七枚带圈带乳钉间分饰青龙、羽人持芝草、独角兽、白虎、长独角羊、长尾鸟、禽鸟。缘饰一周三角锯齿纹、双线波折纹。

116 "内而光"七乳禽兽镜

东汉
直径133毫米　缘厚4毫米　重364克
藏品提供：万春良

圆形，圆钮，圆钮座。座外九乳间饰云纹及铭文："长宜子孙。" 其外圈带铭文："内而光，明而清，涷石华，下之青，见乃已，知人□，心志□。"七乳禽兽圈带内有羽人、青龙及有翼独角兽等不同形态的瑞兽。镜缘饰图案化的变形兽纹。

117 "昭见容貌"七乳禽兽带镜

东汉

直径162毫米 缘厚5毫米 重648克

藏品提供：徐俊杰

圆形，圆钮，圆钮座。座外环列九乳。中圈带铭文为："昭见容貌身万全，视察衣服好可观，长宜佳人心意驩，葆子孙。"七乳间隔羽人、青龙、白虎、朱雀、玄武及二瑞兽。双线波折纹缘。浙江嵊县和广东广州出土以及传世的博局镜铭文中，有与此镜铭文部分相近的内容和字句，但都是三字句读。此镜出现在七乳禽兽镜中，且是七字句读，少见。

118 七乳禽兽带镜

东汉
直径131毫米 缘厚6毫米 重242克
藏品提供：宗彬斌

圆形，圆钮，圆钮座。座外一正面龙身，双角左右分开，两耳高耸，双目圆睁，口大张，身躯压在钮座下，两前肢作耸肩状，两后肢盘曲，长尾弯曲，由下而上直抵前肢。圈带内饰羽人导引青龙、白虎、朱鸟、玄武、二只瑞兽。画纹带缘，其上饰羽人、青龙、白虎、朱鸟、玄武。东汉七乳禽兽镜中，钮外圈带内的龙虎图纹，增加了纹饰的丰富性，此镜的盘龙，浑朴苍劲，俨然成为最主要的内容，七乳间的纹饰则变成了显示盘龙气势的标签了。

119　七乳龙虎禽兽带镜

东汉

直径191毫米　缘厚7毫米　重621克

藏品提供：张君文

圆形，圆钮座。座下叠压高浮雕龙虎对峙纹，龙张口吐舌，四肢伸展，下端有一龟，回首张望。七乳之间朱雀、青龙、白虎、玄武隔钮四区相连，其中青龙、白虎侧均有羽人。另三区分别饰有二羽人对饮酒食，二羽人抚琴和吹竽，羽人执槌与铙与瑞兽拍搏拊。画纹带缘中饰图案化的青龙、白虎、禽鸟、鱼、玄武、羽人、九尾狐。

120 "李氏"七乳禽兽带镜

东汉

直径230毫米　缘厚9毫米　重1436克

藏品提供：徐俊杰

圆形，圆钮，圆钮座。钮外四瑞兽两两相对。七乳间以七组图纹。外区铭文："李氏作竟四夷服，多贺国家人民息，胡虏殄灭天下服，风雨时节五谷熟，长保二亲得天力，传告后世宜子。"缘上饰双线穿璧变形云纹。七乳禽兽带镜是汉代铜镜中纹饰丰富且铸制精美的镜类之一，此镜图纹瑰丽多彩，骑乘出行、悠闲家居，郑重奉祀，力士斗兽，尤其是后者，不仅以三组画面描述了力士斗兽的过程，更显示了豪放雄健的气概，边缘装饰流动变化，都反映出本镜较高的艺术品位和内容。

力士斗兽

力士伏兽

力士擒兽后扛至肩上

第四组为男女相对踞坐，妇女怀抱一婴，两人之间置放物品。

第五组为一人跪地，手握仙草，前有似祭台的曲折图形和盛物的高柄碗状物。

第六组为神人骑羊，手持旌旗。

第七组为神人乘马车，前有御者驾一马，榜题"大王"。

121 "大吉昌"七乳禽兽带镜

东汉

直径235毫米 缘厚8毫米 重1524克

藏品提供：徐俊杰

圆形，圆钮，圆钮座。九乳间铭文为："大吉昌，乐未央，宜侯王。"七乳间隔的七区内，有青龙、羊、正面立兽、蟾蜍、飞马、独角兽、正面持物兽。画纹带缘，其上有羽人一手持绳状物，一手持铲形物面向青龙。一神人居中，两手各持物，立鸟和蟾蜍相对于两侧。其还饰有九尾狐，双鱼，二禽鸟，虎食人头，神人投壶，大象、鹿、牛角兽、小鸟。本镜图纹虽是多见的内容，但正视形二兽，造型奇拙有趣，缘饰中出现的虎嗜人首图像在汉镜中罕见。

122　七乳禽兽带镜

东汉
直径210毫米　缘厚5毫米　重1735克
藏品提供：徐俊杰

圆形，圆钮，圆钮座。座下压一玄武。七乳与七组图纹相间环绕，奏乐图五组，其中三组分别为青龙、白虎、双角瑞兽执排箫，一神人在旁侧。一组二羽人抚琴。一组击鼓图：建鼓，底有趺，立楹柱贯大鼓，二羽人各执双枹敲击。一组六博图：二羽人跽坐于博具两侧，进行六博游戏。一组捣药图：瑞兽玉兔捣药。主纹外饰一圈浮雕青龙、玄武、白虎、羽人、独角兽、禽鸟、瑞兽。近缘处饰短斜线纹。画纹带缘，其上有剔地平雕四神和羽人、蟾蜍、九尾狐、鹿、禽鸟、牛角兽等。本镜疏密交错地进行空间分割，从里到外五重图纹，尽可能的将更多仙禽神兽集结在狭窄的圈带里。而且使用线条式、浮雕式和平雕剔地式的手法，平实、清秀、圆韵、饱满，风格不同，流光溢彩，实在难得。

123 "范氏作镜"七乳禽兽镜

东汉

直径190毫米 缘厚7毫米 重849克

藏品提供：杨国良

圆形，圆钮，圆钮座。座外八枚小乳钉与变形鸟纹相间环绕，串珠纹圈带外七乳之间配置羽人与仙鱼、青龙、白虎、朱雀、长角兽等。其中三组两两相对。凸圈带中铭文为："范氏作镜四夷服，多贺国人民息，胡虏殄灭天下服，风雨时节。"画纹带缘，其上有九尾狐、三足鸟、白虎、瑞兽、羽人导龙等。此镜七乳间羽人与仙鱼的组合及其手持两椭圆形物导引青龙的图纹少见。

124 "杨充作镜" 七乳禽兽镜

东汉

直径182毫米 缘厚7毫米 重700克

藏品提供：杨国良

圆形，圆钮，圆钮座。钮外十二带钮座乳钉与二点纹相间环绕，其外饰多重圈带。七乳间分别为羽人持芝草、青龙、白虎与朱鸟、奔牛、奔马、瑞兽、玄武。圈带铭文为："杨充作竟大毋伤，汉有善铜出丹阳，湅治银锡如目（日）明。"画纹带缘，其上日月同辉和五珠钱纹将图像分为四组，每组均有三种图像，分别为羽人投壶、大象；神人斗牛及瑞兽；禽鸟，鱼，瑞兽；禽鸟，玉兔捣药，九尾狐。此镜"杨充作镜"姓氏铭文少见，边缘纹饰内容丰富，有些组合含义需要进一步分析。

125　八乳禽兽带镜

东汉

直径120毫米　缘厚4毫米　重288克

藏品提供：徐俊杰

圆形，圆钮，柿蒂纹钮座。八乳钉将主纹分为八区，分饰二羽人、二禽鸟、玄武、瑞兽、独角兽、羊。缘上凹圈带中"C"形纹正反相接环绕，简率随意，极少见。

126 "白虎"神人瑞兽画像镜

东汉

直径200毫米 缘厚9毫米 重1027克

藏品提供：杨国良

圆形，圆钮，圆钮座。座外饰连珠纹圈带，四枚连珠圆座乳钉将纹饰分为四组：一组东王公居中端坐，两侧各有羽人侍候。一组西王母居中端坐，两侧分别有侍者和持便面羽人。一组为白虎奔驰，榜题"白虎"。一组为山峦中二马飞奔，神人骑马，其上方有羽人和飞鸟，马后有羽人捧物。双线波折纹缘。

127 "天禄羊"神人瑞兽画像镜

东汉

直径196毫米　缘厚10毫米　重877克

藏品提供：徐俊杰

圆形，圆钮，圆钮座。四乳将主纹分为四组：隔钮相对两组为东王公和西王母，王公手持便面，身侧一侍站立，榜题"东王公"。王母戴胜杖，踞坐，前有羽人跪侍，后有持便面神人站立，榜题"西王母"。另两组一为羽人骑羊，羊角曲弯，长须飘逸，昂首呲牙，骑乘羽人回首与羊后跟随羽人相视。羊须上分别榜题"仙人奇（骑）羊"、"天禄羊"。一组为羽人与青龙。云气纹缘。此镜铸造精良，尽量利用有限空间突出物象，特别是仙人骑羊画面，创意别致，富含祥瑞。羊神采斐然，二羽人顾盼自若。榜题"天禄羊"铭，首见。

128 "青羊宋氏"神人车马画像镜

东汉

直径209毫米 缘厚6毫米 重1240克

藏品提供：徐俊杰

圆形，高圆钮，圆钮座，外围一周连珠纹。四乳分为四区，隔钮两区分别为东王公和西王母。王公踞坐，前有二人持杖拜揖，身后立一侍者，榜题"东王公"。王母踞坐，身后一侍者，前有二神人跪拜，中间有耳杯等饮食器物。另二区，一为车马出行图，一马驾辎车，扇形车盖，舆中二人。马头两樱分挂，向前奔驰。一为乐舞图，神人端坐，身前有抚琴和舞蹈者。圈带铭文三十六字："青羊宋氏作竟佳且明，月予世保，东王父西王母，山人子桥不知老，月由天下之四海，乐无极。" 缘饰两端勾卷的变形云纹，中有一小鸟伫立。日本学者冈村秀典认为作镜者"宋氏"是"青羊"工房所属的镜师（《后汉镜铭集释》615镜铭）。

129　"龙氏"瑞兽画像镜

东汉

直径184毫米　缘厚7毫米　重730克

藏品提供：徐俊杰

圆形，圆钮，圆钮座。座外一圈连珠纹。四乳间分别配置青龙与羽人，鹿与羽人，白虎与禽鸟，双角兽与山中玉兔，空间装饰花苞、山形纹等。圈带铭文为："龙氏作竟佳且好，明而日月世之保，上有山人不知老，渴饮玉泉饥食枣。"云气纹缘。此镜在双角兽下，显露兔头和部分躯体，寓意刚从山中跑出，飞腾奋发的兽和温顺安详的兔，真可谓动静互交，创意神巧。

130 "朱师作之"四神画像镜

东汉

直径187毫米　缘厚6毫米　重680克

藏品提供：徐俊杰

圆形，圆钮，圆钮座。方格四角内分别饰四小鸟，四乳划分的四区内，有羽人导龙，青龙仰身后腿高抬，榜题"交龙"、"朱师作之"。白虎与补白的羽人和瑞兽，榜题"白虎兮"。朱鸟，榜题"朱鸟"和"朱"字。玄武与补白的神人、小鸟，榜题"玄武"。画纹带缘，为青龙、白虎、朱鸟、玄武、鱼、九尾狐、羽人。四神可以说是汉代铜镜的代表图纹，流行时间长，在许多镜类中都不乏它们的形象，但如何去表现图纹就各有千秋了。本镜青龙、朱雀塑造都有特色，玄武则最明显地传达了高浮雕的艺术效果，形态迥异不凡，在其他汉镜难得一见。浦上苍穹堂收藏有"建初八年吴朱师作"画像镜（冈村秀典《后汉镜铭的研究》），东汉章帝建初八年即公元83年。

131 "袁氏"神人龙虎画像镜

东汉

直径183毫米 缘厚7毫米 重717克

藏品提供：徐俊杰

圆形，圆钮，圆钮座。四乳分为四区，隔钮相对二区分别为东王公、西王母居中，羽人随侍于左右。另二区为曲颈青龙和回首白虎。圈带铭文为："袁氏作竟真大巧，东王父，西王母，青龙在左，白虎居右，山人子乔，赤诵子，千秋万岁兮不知老，生长久乐无己。"双线波折纹缘。

132　神人瑞兽画像镜

东汉

直径239毫米　缘厚10毫米　重1964克

藏品提供：杨斌骅

圆形，圆钮，圆钮座。方框内山脉环绕，方框四角外各有一枚带十二小乳的圆钮座乳钉。乳钉将主纹分成四区，一区榜题"东王公"，王公端坐，一侧有两侍人持杖和跪坐羽人，另一侧有女侍，榜题"玉女侍"。一区榜题"西王母"，王母戴胜，端坐，一侧立侍手中持杯，一侧侍者抚琴，下玉兔持杵捣药。一区两羽人乘辟邪。一区一羽人骑天禄，一羽人骑在青龙之上，青龙前方有一羽人倒立。画纹带缘，上有九尾狐、禽鸟、白虎、神人、瑞兽、鹿角兽、羽人、大象、神人投壶、雀鸟。

133　神人屋舍画像镜

东汉

直径119毫米　缘厚8毫米　重397克

藏品提供：宗彬斌

圆形，圆钮，圆钮座。四组纹饰连续配置，一组为屋宇图，重檐，圆弧形顶，其他各层呈不同形状，屋舍外一人站立，右下角有铭文"何氏"。一组为乐舞图，舞者居中，戴冠丰乳，甩动长袖，左右两侧有吹奏和击打乐器的人物。一组为车马图，一马驾车，车幔盖，方舆，屏蔽开窗，御者坐舆前持缰绳驭马，车后跟随一人，马前有一人跪地。一组骑乘图，一人骑马，马头前伸张口，一人似在喂食，还有长方形食案及禽鸟。锯齿波折纹缘。此镜属画像镜风格，但各组图纹间没有一般画像镜以四乳划分的明确区域，因此能充分展示主题图纹。屋宇、出行、骑乘和乐舞的题材组合也很少见，人与动物形象刻画更为奇特，如丰乳舞者、高头大马等。

134 "陈氏作镜"神人禽兽画像镜

东汉

直径168毫米 缘厚8毫米 重638克

藏品提供：宗彬斌

圆形，圆钮，圆钮座。座外环绕连珠纹。四乳分为四区，隔钮相对二区应为西王母和东王公，王母戴胜踞坐，身前一人跪地。王公踞坐，身前一羽人站立。另两组一为羽人驯虎，羽人站立，一手抬前欲按虎头，虎蹲伏于地，头下垂，一副顺从的形态。一为羽人戏蟾蜍，羽人站立，一手前伸，体态肥硕的蟾蜍前腿上抬做跳跃状。圈带铭文为："陈氏作竟真大巧，上有仙人不知老，渴饮玉兮。"锯齿波折纹边缘。画像镜中东王公、西王母是常见的两组题材，另两组多有变化，此镜羽人驯虎、戏蟾的组合则较为新颖。另外王母侧侍者手持杖形物和其他三组合中的居中的图纹都十分突出，如此布局也少见。

羽人驯虎，羽人站立，一手抬前欲按虎头，虎蹲伏于地，头下垂，一副顺从的形态。

羽人戏蟾蜍，羽人站立，一手前伸，体态肥硕的蟾蜍前腿上抬做跳跃状。

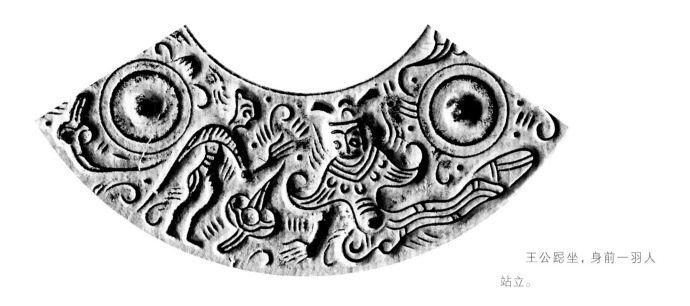

王公踞坐，身前一羽人
站立。

王母戴胜踞坐，身前一
人跪地。

135 "尚方"神人乐舞杂技画像镜

东汉

直径205毫米 缘厚8毫米 重1140克

藏品提供：宗彬斌

圆形，圆钮，花瓣钮座。四乳间以四组人物，一组西王母端坐，榜题"西王母"。身前二女，一跪向王母，一长袖起舞，榜题"玉女"。一组一神人踞坐，手持物，身前有二圆形物。一羽人倒立，一神人吹奏竖笛，单足跪立。一组两神人对向踞坐，一侧侍者持杖站立。一组二神人，一人骑马奔驰，一人作跳丸表演，下有一壶。圈带铭文为："尚方作镜自有纪，辟去不祥宜古市，上有东王父西王母，令君阳遂多孙子兮。"画纹带缘，其上有龙、虎、瑞兽、九尾狐、禽鸟、羽人等。

136 "吾作明镜"环状乳神兽镜

东汉

直径126毫米　缘厚6毫米　重459克

藏品提供：徐俊杰

　　圆形，圆钮，圆钮座。四兽与四组神人相间环列，四兽同向，回首顾盼，口衔巨，身躯前后各一环状乳。四组神人均骑乘在瑞兽躯体上。隔钮相对两组是西王母戴胜，二青鸟及一侍者，东王公戴冠及两侧瑞兽。另两组分别为戴冕黄帝、侍者与瑞兽，伯牙抚琴及二神人。方枚中各有四字铭文，连读为"吾作明镜，幽涷三商，雕刻无桃，配像万疆，众神见容，是从福禄，至公卿位，二大夫兮，富贵安乐，子孙番昌，其师命长"。镜缘纹饰分别为六龙驾车，神人捧日，羽人骑兽，羽人骑鸟，羽人骑虎，外缘饰涡状云纹。环状乳神兽镜纹饰内容丰富，多数华美精良，是汉代神兽镜类中最为突出的镜型，本镜就代表了此类镜的铸制水平。

137　"伏羲"重列式神兽镜

东汉

直径136毫米　缘厚4毫米　重367克

藏品提供：徐俊杰

　　圆形，扁平钮，圆钮座。图纹由界栏分为五段，最上一段中神人居中，两侧均有白虎和凤鸟。第二层一神居中端坐，左右各有神人和羽人。第三段二神人踞坐于钮两侧，头上悬华盖，身侧有羽人跪侍或凤鸟。第四段中为神人，高抬一手，两侧各饰青龙或白虎及瑞兽。二、三、四段外侧分踞青龙和白虎。最下段，中间神人，右侧饰青龙，左侧上饰一伏羲，下饰一玄武。圈带铭文不甚清晰，难以释读。涡状纹缘。重列神兽镜图纹定型化最为明显，但图像多寡不一，铸制良莠不齐。此镜不仅物象众多，更令人叫绝的乃是这些灵异瑞兽，纵横有象，俯仰有神，面部表情极度夸张。"蛇身人首"的伏羲造型，头戴冠，人首，拱手举物，长长的蛇身缠绕在界栏上，营造了一个神秘深邃的氛围。

138 "吾作"环状乳神兽镜

东汉
直径141毫米 缘厚4毫米 重540克
藏品提供：张君文

圆形，圆钮，圆钮座。钮座外饰一周花瓣纹，内区四组神人和瑞兽相间环列，东王公与西王母隔钮相对，东王公两侧青龙与白虎，西王母两侧均为禽鸟。一组为神人及两侧侍者和有翼兽。另一组为三人，居中伯牙弹琴，琴横于膝，右侧钟子期俯首聆听。瑞兽衔巨，躯体前后均饰一环状乳。外区半圆和方枚相间环列，方枚上铭文合为："吾作明竟，幽涷三商，周刻无极，万疆，白牙作乐，亲王□□，禽守并存，□□□，贵富，曾年益，寿长□，□吉羊"。画纹带缘，其上有羽人御龙、仙鹤、瑞兽等纹饰和云气纹。

139 "吾作"神兽镜

东汉

直径124毫米　缘厚6毫米　重312克

藏品提供：张君文

　　圆形，圆钮，圆钮座，钮座外一周连珠纹。主纹饰为高浮雕的五衔巨瑞兽同向环绕，或回首，或仰望，神态各异，身体肥硕，威猛中透着些许憨态。外周铭文为："吾作明镜，幽涷三商，周刻无极，众禽并疆，上古圣人，口口三皇，天口皆出，其师命长，乐未口央，天下顺羊兮。"近缘饰栉齿纹。边缘纹饰繁复，共分两圈，内圈有两组，一组为六龙驾云车，车前有两羽人御龙。另一组是两羽人分骑两龙，虽有两羽人各驾一青鸟，最后两羽人各乘一龟，外圈为栉齿纹。

140 "光和年"神兽镜

东汉

直径160毫米 缘厚6毫米 重664克

藏品提供：张君文

圆形，连珠纹圆钮，新颖别致，圆钮座。内区由三组端坐神人和瑞兽相间环列，神人端坐中间，后带羽翼，神态安详，左羽人右瑞兽，除主神外，身体下方均饰一环状乳；外区半圆方枚相间环列，间饰珠点纹和栉齿纹，方枚上各饰一字，合为："吾作明竟，幽涷三商，位至三公。"近缘饰栉齿纹。边饰铭文为："光和年四正月丙午日，早作明竟，幽涷白铜，买者延年益寿，乐未央，富且昌，宜侯王，长乐未央，上有东王父，上有西王母，君宜高官，位三公，主如山石，宜古市，大吉。"其外为云气纹。光和年为汉灵帝年号，即公元178~184年。

141　建安十二年重列式神兽镜

东汉

直径142毫米　缘厚 5毫米　重521克

藏品提供：张君文

圆形，大圆钮，圆钮座外一周连珠纹。纹饰以钮为中心用界栏作同向式排列，钮上方和钮两侧上部分为正面端坐四神人，青龙和衔巨白虎。钮两侧下部分东王公和西王母。钮下三神人二瑞兽，居中神人为伯牙弹琴，右侧钟子期俯首侧耳聆听。外周铭文为："吾作明竟，涷宫商，雕罗容象，三五帝，天皇，白牙单琴，皇帝除凶，朱鸟玄武，白虎青龙，万禽列木，众神见容，服者豪贵，长寿益年，建安十二年。"连环纹缘。建安十二年为汉献帝年号，即公元207年。

142　建安十年重列式神兽镜

东汉

直径133毫米　缘厚5.5毫米　重355克

藏品提供：陆旭春

圆形，圆钮，圆钮座。钮座上下各有"君宜官"直行铭文。纹饰从上至下分为五段，并有不规制的界栏进行纵横区分，分别为一神人二鸟、方格铭两侧各一神人、钮两侧各一神人、方格铭两侧各一神人、神人与侍者和龟。其中第二、三段神人外侧分置龙虎，第四、五段外侧分饰人首鸟和瑞兽。铭带缘，铭文为："吾作明竟，幽谏宫商，罗容缘，五帝天皇，白牙单琴，黄帝除凶，朱鸟玄武，白虎青龙，君宜高官，子孙番昌，建安十年造作大吉兮。"建安是东汉献帝刘协年号，十年为公元205年。

143 "黄武六年"重列神兽镜

三国吴

直径133毫米 缘厚3毫米 重337克

藏品提供:徐俊杰

圆形,扁平钮,圆钮座。纹饰自上而下分为五层,最上一层神人居中,两侧有青龙、凤鸟。第二层四神人,外侧二人侧坐。第三层神人分列钮左右,身侧有小禽。二、三两层外侧分踞青龙和白虎。第四层中间一神人,两侧分饰龙、虎和瑞兽,一侧二瑞兽间有作舞蹈之人。最下层,中间为一神人,右侧饰朱鸟,左侧饰玄武。镜缘圈带铭文为"黄武六年五月壬子四日癸丑造作,三命之宜王且侯,服镜之人皆寿岁,子孙众多悉为公卿,……"。镜缘饰涡状纹。

144 "孟师作镜"龙虎镜

东汉

直径145毫米 缘厚10毫米 重670克

藏品提供：徐俊杰

圆形，高圆钮，圆钮座。内区二瑞兽，一兽粗长角向后，一兽细短角前翘，部分身躯压在钮下，身下有二羽人。圈带铭文为："孟师作镜真大工，巧工刻之成文章，上有辟邪与天禄，涷治铜锡大清明，四方服之宜候王，子孙备具居中央，长保二亲乐未英。"锯齿波折纹缘。据铭文，其上二瑞兽当时被认为是"天禄"和"辟邪"。

145 "陈氏作竟"龙虎镜

东汉

直径125毫米 缘厚6毫米 重405克

藏品提供：徐俊杰

圆形，圆钮，圆钮座。座外饰双线波折纹，主纹为正面独角兽与身躯叠压在钮座下的双角兽对峙，另一双角兽与后者同向随行。圈带铭文为："陈氏作竟四夷服，多贺国家人民息，胡虏殄灭天下复，风雨时节五谷熟，长保二亲得天力，传告后世乐无极，其师寿命长。"双线波折纹缘。

146 "田生"龙虎镜

东汉

直径145毫米　缘厚9毫米　重651克

藏品提供：徐俊杰

圆形，圆钮，圆钮座。一龙一虎张口对峙，龙部分躯体叠压于钮下。兽下方饰持物羽人与瑞兽，圈带铭文为："田生作四服，多贺国家人民息，胡虏殄灭天下復，风雨时节五谷熟，长保二亲得天力，传告后乐。"波折纹缘。"田生"应是"田氏"，龙虎镜是田氏铸镜中的一个重要品种，镜中铭文多属"四夷服"系列。

147　"五铢"龙虎镜

东汉

直径105毫米　缘厚7毫米　重183克

藏品提供：张毅明

圆形，圆钮，圆钮座。座外饰高浮雕龙虎对峙，龙虎身躯压在钮下，其中龙头向外，虎头向内。两瑞兽中间饰一"五铢"钱币纹。主纹外分饰短斜线纹，锯齿纹及双线波折纹。三角缘。黑漆古包浆，品相完整。

148 "王氏作"龙虎镜

东汉

直径116毫米 缘厚9毫米 重370克

藏品提供：杨国良

圆形，圆钮，圆钮座。二龙一虎绕钮环列，龙虎对峙，二龙相随，张口露齿，部分身躯叠压于钮下。主纹外凸圈带铭文："王氏作竟四夷服，多贺君家人民息，胡虏殄灭天下復，风雨时节。"双线波折纹缘。

149 "刘"龙虎镜

东汉

直径125毫米 缘厚10毫米 重506克

藏品提供：杨国良

圆形，圆钮，圆钮座。座下压双瑞兽，瑞兽一角向后，一角向前。两瑞兽之间饰一"刘"字铭。近缘处短斜线纹，缘饰锯齿纹。黑漆古包浆，品相完整，"刘"字铭文较为少见。

150 "尚方"龙虎镜

东汉

直径138毫米　缘厚8毫米　重533克

藏品提供：吴曙波

圆形，圆钮，圆钮座。连珠圈带外二龙对峙，形态相同，张口露牙，部分身躯压于钮座下，仅显露一后肢与长尾。圈带铭文："尚方作镜真大巧，上有仙人不知老，渴饮玉泉饥食枣，浮游天下敖四海，左龙右虎辟不道，佳且好。"波折纹缘。东汉龙虎对峙镜，一般龙体完整，虎只显露部分肢体，此镜铭文虽称"左龙右虎"，但二兽躯体上部形态相同，难以分辨。

151 "龙氏"龙虎镜

东汉

直径125毫米 缘厚8毫米 重450克

藏品提供：吴曙波

圆形，圆钮，圆钮座。二龙一虎绕钮环列，二龙同向相随，一龙一虎对峙，龙虎躯体圆乳突起。圈带铭文："龙氏作镜佳且好，明而日月世之保，上有白虎辟邪主除道，服此镜者，田作大得，贾市万倍。"双线波折纹缘。此镜龙虎躯体上圆乳凸起，碧绿如珠，铭文自名"白虎辟邪"。

152　蟠虎镜

东汉

直径99毫米　缘厚5毫米　重171克

藏品提供：杨斌骅

圆形，圆钮，圆钮座。一兽似虎，部分躯体压在钮下，挺胸，曲颈回首，两眼圆瞪，前肢上跃，长尾呈三叠卷曲。忍冬花纹缘。此镜蟠虎造型与汉代流行的这类题材表现方式不同，钮座仅叠压虎的脊背部分，美化了虎的尾部，产生了写形传神的效果。

153　单虎镜

东汉

直径99毫米　缘厚8毫米　重260克

藏品提供：张毅明

圆形，圆钮，圆钮座。座下压一白虎，白虎张口龇牙，呈盘曲状。近缘处饰双线弦纹，缘饰锯齿纹，双线波折纹。黑漆古包浆，品质完美。单虎高浮雕装饰相对少见。

154 "原夫作"龙虎镜

东汉
直径158毫米 缘厚10毫米 重822克
藏品提供：张君文

圆形，圆钮，圆钮座。高浮雕辟邪天禄夹钮对峙，有人认为左为辟邪，双角。右为天禄，独角，张口露齿吞珠，两躯体相交于圆钮之下，形态威武凶猛，右侧有一羽人端坐吹箫。外周铭文为："原夫作镜，涑五斛之英华，口口而无极兮，上有辟邪与天禄，宜孙保子兮，各得所欲，吏人服之益禄，白衣服之金财足，小人服，在所，胡氏。"近缘饰栉齿纹。边饰锯齿纹和剔地平雕的画纹带，饰有羽人击鼓、青龙、白虎、奔牛、双鱼、九尾狐、飞鸟等纹饰。

155　"胡人养之"单龙镜

东汉
直径113毫米　缘厚6毫米　重214克
藏品提供：张君文

圆形，圆钮，圆钮座。一青龙交缠盘绕于镜背，长身短足，头生双角，张口吐舌，似在吞咬一回首惊鹿，钮下坐一持棍胡人，间饰铭文："胡人养之"、"食□君"，近缘饰栉齿纹，边饰云纹间隔田字纹。

156 元兴元年龙虎镜

东汉

直径114毫米 缘厚 5毫米 重219克

藏品提供：张君文

圆形，圆钮，圆钮座。主纹饰为四瑞兽，或回首，或奔驰，或倒立，形态各异，左边两瑞兽之间饰一正面大腹瑞兽，右边两瑞兽之间饰一羽人，后带羽翼。钮下一方枚内饰四字铭文："其师命长。"外周铭文为："□是作竟四夷服，多贺国家人民息，胡虏殄灭天下复，风雨时节五谷孰，长保二亲得天力，传告后世乐无极。元兴元年九月六日作，□成所造，服者公卿。"结尾饰以钱纹和方胜纹。近缘饰栉齿纹。边饰栉齿纹和双线波折纹。元兴元年为汉和帝年号，即公元105年。

157　单虎镜

东汉
直径110毫米　缘厚5毫米　重209克
藏品提供：宗彬斌

圆形，圆钮，圆钮座。一虎叠压于钮下，四肢伸张，两前肢各抓一盘曲的蛇，其中一蛇欲送入口中，尾卷曲。画纹带缘，其上饰平雕式羽人、青龙、白虎与瑞兽相对、三只禽鸟。此镜虎擒二蛇题材少见，边缘纹饰也有特色。

158 "李氏作竟"龙虎镜

东汉

直径140毫米 缘厚6毫米 重320克

藏品提供:宗彬斌

　　圆形,圆钮,圆钮座。一龙一虎除头顶有角无角外,形体完全相同,夹钮对称,两眼圆瞪,张口露齿,颈毛扇开,身躯压在钮座下,龙虎间有圆璧纹。钮下有一盘曲小龙。凸圈带铭文为:"郑□□□李氏作镜四夷服,东王父,西王母,先人子桥赤松子作。"锯齿波折纹缘。此镜龙虎颈毛坚硬如翅,躯体厚实凝重,为突出对称的造型,更为图案化。铭文某些字词有待释读。

159 "遗杜氏"龙虎镜

东汉

直径151毫米 缘厚10毫米 重666克

藏品提供：宗彬斌

　　圆形，高圆钮，圆钮座。主纹为龙虎相对，龙为主体，部分身躯压在钮下，露出一前肢和后肢及尾，白虎仅显露部分上身。双兽下有一坐着持物羽人。圈带铭文为："遗杜氏作镜兮四夷服，官位尊显蒙禄盒（食），幸逢时年兮五谷熟，多贺名工刻画兮，边则大一（太一），参驾神龙，辟邪配天禄，奇守（兽）并来出兮,三鸟□□,寿金石兮，汉羽习兮。"画纹带缘，上饰九尾狐，两羽人投壶，大象，飞鸟，跪兽，奔牛，凤鸟，蟾蜍，双鱼戏鸟，禽鸟，虎，跪拜的神人。　"杜氏作镜"龙虎镜的铭文内容字句多有不同，本镜铭文字句组合则未见到。浙江省博物馆藏"遗杜氏作镜"龙虎镜铭文中也有"辟邪配天禄，奇守（兽）并来出兮"的字句（《浙江出土铜镜》修订本，图版89）。

160 "陈氏作竟"龙虎镜

东汉

直径150毫米 缘厚7毫米 重489克

藏品提供：宗彬斌

　　圆形，高圆钮，圆钮座。高圆浮雕两兽同向追逐，瑞兽似虎，一只头部正视，头毛扇开，眼眶内凹，圆点眼珠，巨口大张，咬住另一兽的尾端。一只回首顾盼，一前肢抓住另一兽的尾端。圈带铭文为："陈氏作镜四夷服，多贺国家人民息，胡虏殄灭天下服，风雨时节五谷熟，宜。"画纹带缘，其上四个钱纹分为四区段，配置三龙一虎与飞鸟，火焰纹，云纹。此镜正面凹陷兽眼引人夺目，两兽追逐生动流畅。

161 瑞兽镜

东汉

直径93毫米 缘厚3毫米 重144克

藏品提供：张毅明

圆形，圆钮，圆钮座。青龙、白虎等四瑞兽绕钮环绕，两两相对，其中两只扭头呈正面形，两眼圆瞪，龇牙咧嘴。涡纹缘。

162 "陈尹作竟"立柱瑞兽镜

东汉

直径138毫米　缘厚4毫米　重433克

藏品提供：徐俊杰

　　圆形，圆钮，圆钮座。以钮座为中心，十字形方向外伸出尖端立柱，穿过两层横条，将镜背分为四区。四区中龙虎瑞兽二头连身，对称配置，身躯部分叠压钮下，兽头隔立柱相对，形态各不相同，二头侧视露长吻，二头正视呈兽面。柱顶端两侧各有长方格二字铭文，合为"陈尹作竟，长宜子孙，大吉富昌，乐无极兮"。缘饰内向二十七连弧纹，间以涡纹。此镜瑞兽合为一身，奇拙遒劲，宽平身躯及尖锐立柱，或转曲，或直挺，装饰奇特，十分少见。

163 "富贵高远"四叶神人镜

东汉

直径116毫米　缘厚8毫米　重311克

藏品提供：张毅明

圆形，圆钮，圆钮座。座外四个如意形叶纹间饰四个神人，神人或正面或侧身端坐。其外内向八连弧纹间有方枚铭文："长宜子孙，富贵高远。"画纹带缘，其上饰有神人捧日、立兽、三龙驾车、羽人、神人乘车、车后羽人、二神人拜谒、神人乘凤，神人持戟，神人骑兽等。纹饰主题应是表现"日乘车，驾以六龙，羲和御之"的故事。此镜纹饰新颖，浮雕精美。

164　龙凤对鸟镜

东汉

直径184毫米　缘厚4毫米　重640克

藏品提供：马少春

圆形，圆钮，圆钮座。龙、凤与对鸟绕钮相间环列，龙首正视，双角高翘，两眼圆瞪，凤头侧视，张口衔珠。两组对鸟构图相同，圆眼对视，长冠尖喙，羽翅展开，身躯交叉。龙凤和对鸟的躯体同为平雕式等宽条带，呈不同程度的C形卷曲，相连，形成了一个旋转式的圆形图案。其外内向十二连弧纹带。素宽缘。此镜图案化造型设计巧妙，刚柔相济，生发出强烈的视觉效果。

165 "常宜子孙"云雷纹镜

东汉

直径210毫米　缘厚4毫米　重946克

藏品提供：蒋军成

圆形，圆钮，柿蒂纹钮座。叶间有"常宜子孙"四字铭。八连弧纹外八个涡纹及重三角纹组成云雷纹。素宽缘。

166 "黄初元年"八凤镜

三国
直径120毫米 缘厚4毫米 重190克
藏品提供：杨斌骅

圆形，圆钮，圆钮座。方格四角内外各置一乳，四边外对称双线折纹间各有一对禽鸟和一字铭文，铭文连读为"大王公吉"。圈带铭文为："黄初元年五月十日作镜，三□□□□□子孙千億。"波折纹缘。黄初元年为公元220年，此纪年镜铭极少见。

167　变形四叶对凤镜

六朝

直径205毫米　缘厚3毫米　重987克

藏品提供：宗彬斌

圆形，圆钮，圆钮座。圆圈带放射出的四桃形叶内各置一龙，龙身外有禽鸟、瑞兽、玄武。叶间有对凤，对凤展翅翘尾，二凤中间有立柱，柱端为圆形。内向十六连弧纹圈带内有青龙、白虎、朱雀、龟（玄武）、巨蟹、飞天、人头鸟、大象与驯象人。画纹带缘，其上青龙、白虎、瑞兽、禽鸟与蔓草相间。对凤镜是东汉晚期三国时代流行的镜类，尤以江南地区东吴铸制的最为华美。本镜虽未脱这类镜的基本格局，但构图繁密，物象众多，不仅四叶内外、连弧和边缘层层配置图纹，连四叶内龙身周围和对凤尾下都填以禽兽。尽管如此，留下的仍是神采斐然的印象。

168　四乳飞鸟镜

六朝

直径94毫米　缘厚4毫米　重135克

藏品提供：张毅明

圆形，圆钮，圆钮座。一只飞鸟身躯叠压于钮下，鸟曲颈回头梳理羽毛，两翅左右扇开，伸腿翘尾。四乳分布于飞鸟四方。锯齿纹缘。此镜高浮雕的禽鸟形态怪异，动作夸张，丰满宽厚的躯体，配以刚劲的小羽翅和宛如火焰的尾羽，可谓貌丰骨劲，活力四射。

宜兴民间收藏铜镜精品集

169　八乳兽首镜

六朝

直径145毫米　缘厚7毫米　重357克

藏品提供：陈碧翔

圆形，圆钮，圆钮座。连珠纹圈带外两个圆圈之间，八个内饰点纹的长方形界格间以两种花瓣纹。主纹为八乳与八兽首相间布置。宽缘里饰连珠纹和水波纹。六朝时期的铜镜中，类似此镜铸造精良，兽首图纹和多层次的装饰圈带极为少见。

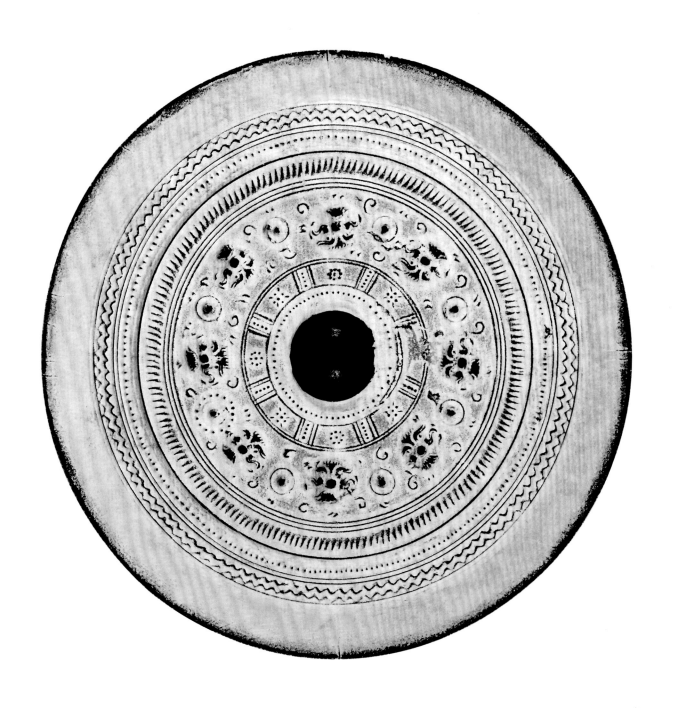

170　龙凤莲花镜

六朝

直径165毫米　缘厚5毫米　重409克

藏品提供：陆旭春

圆形，圆钮。方框内环列十二地支铭，方框外二龙二凤隔钮对置，二龙回首，吐舌。凤，展翅飞翔。其外一周连续水草纹，水草纹上生出六朵莲花。水波纹缘。此镜龙凤周围饰莲花纹，少见。

171 四龙镜

唐

直径183毫米　缘厚4毫米　重889克

藏品提供：张君文

圆形，圆钮，圆钮座。方格间饰十二枚圆座乳钉。内区四龙形态相同，两两对称于方格四边，双角耸起，张口吐舌，四肢伸展，龙爪雄健，一后肢与尾部相纠结。镜缘内圈双线菱格圆珠纹相连环绕，外圈栉齿纹。唐镜中四龙题材少见。

172　瑞兽葡萄镜

唐

直径136毫米　缘厚8毫米　重770克

藏品提供：张毅明

圆形，伏兽钮。凸高圈将镜背分为内外两区，内区四瑞兽攀援葡萄枝蔓，均匍匐扭身露背，显得头大体宽，兽间穿插禽鸟和蝴蝶，一串串葡萄蔓挂于圈带内侧，枝蔓过梁至外区，串串葡萄在圈带外侧和边缘内侧交错环列，其间配置禽鸟、蛱蝶。云纹缘。

173 双鸾双鸟镜

唐
直径130毫米 缘厚5毫米 重479克
藏品提供：张毅明

八瓣菱花形，圆钮。主纹饰双鸟双鸾绕钮排列，其中双鸾相对而立，长尾上卷，双鸟展翅飞翔，口衔花枝。素平缘。黑漆古包浆，品相完美。

174 鸾兽镜

唐

直径153毫米 缘厚 8毫米 重934克

藏品提供：张君文

菱花形，伏兽钮。双鸾双兽相间绕钮，鸾镂空凌足，脚踏云头，展翅翘尾，回首顾盼。瑞兽奋蹄扬尾，鬃毛上飘，张口嘶鸣，奋蹄飞奔，右前肢均镂空，其间饰四组花枝纹。八瓣内蜂蝶、云纹和折枝花相间环列。素窄缘。此镜精整厚重，鸾兽透腿，纹饰华丽。

175 禽鸟瑞兽花枝镜

唐

直径110毫米 缘厚5毫米 重313克

藏品提供: 张毅明

菱花形, 圆钮, 钮周环列四朵小折枝花。二鸟二兽与四折枝花绕钮环列, 二鸟展翅飞翔, 其一口衔花枝, 二兽作奔跑状。边缘八弧内各饰一朵云纹。

176 雀绕花枝镜

唐

直径178毫米 缘厚6毫米 重923克

藏品提供：张毅明

菱花形，圆钮。钮外二鸟、二鹦鹉环绕四株折枝花，二鸟口衔蛱蝶，飞翔于祥云之上，双鸟双翅作飞翔状。一鹦鹉振翅低头，觅食葡萄，一鹦鹉展翅回首，口衔花枝。边缘八瓣中折枝花与云纹相间环列。

177 鸳鸯莲花镜

唐

直径230毫米 缘厚8毫米 重1960克

藏品提供：杨国良

菱花形，圆钮。四缠枝莲花环钮呈六角形，角尖盛开的莲花和莲叶上各立一只鸳鸯，两两相对。三只口衔双绶带，三只口衔折枝花。禽鸟之间饰一枝莲荷。边缘八瓣内四飞鸟与四卷草纹相间环列。

178　双鸾莲花镜

唐

直径192毫米　缘厚6毫米　重1213克

藏品提供：张毅明

葵花形，圆钮。双鸾隔钮对舞，曲颈前探，展翅舒尾，踏于莲茎之上。钮上下各有一株莲荷，盛开的莲花居中，莲茎对称向外伸展，伸出荷叶、荷包和花叶。钮上呈心形的莲茎中长尾鸟在吸吮花露，钮下的莲花上一对鸳鸯。边缘八瓣中分饰四鸟与四折枝花。

179　真子飞霜镜

唐

直径220毫米　缘厚4毫米　重1352克

藏品提供：宗彬斌

葵花形，龟钮。钮下饰山石池水，水中植有一莲，莲叶即为钮座，钮上饰云海日出。钮左一人，峨冠博带，坐而抚琴，前有香案，背有竹林。右有一凤栖于山石，振翅翘尾，上方花枝二株。圈带铭文为："凤凰双镜南金装，阴阳各为配，月日恒相会，白玉芙蓉匣，翠羽琼瑶带，同心人心相亲，照心照胆保千春。"素缘。

180 盘龙镜

唐

直径156毫米　缘厚6毫米　重796克

藏品提供：马少春

葵花形，圆钮。一龙绕钮盘曲，龙角耸起，张口吐舌，龙身呈"C"形，四肢左右伸展。一后肢与尾部相纠结，三爪锐利张开，间饰三朵云纹。缘饰八朵云纹。此镜特别之处在于龙的前后肢镂空浮雕，较少见。

181　盘龙镜

唐

直径217毫米　缘厚5毫米　重1835克

藏品提供：张君文

葵花形，圆钮。一龙绕钮盘曲，龙首回转，双角耸起，张口咬钮，势如吞珠。四肢或屈或伸，三爪锐利，左后肢与尾部相纠结，遍体饰细密的鳞纹，体态精健，间饰四朵祥云，以示飞龙在天。素窄缘。

182　盘龙镜

唐

直径180毫米　缘厚4毫米　重1002克

藏品提供：张君文

葵花形，圆钮。一龙绕钮盘曲，龙首近镜缘，双角耸起，张口吐舌，龙身呈"C"形回转，四肢左右伸展，一后肢与尾部相纠结，三爪锐利张开，遍体饰细密的鳞纹，间饰四朵祥云，以示飞龙在天。素窄缘。此镜画面式的布局和细窄的边缘，使盘龙尽占空间，体大突出，气势轩昂。

183　盘龙镜

唐

直径216毫米　缘厚4毫米　重1523克

藏品提供：张毅明

葵花形，圆钮。龙呈"C"形绕钮盘曲，曲颈回首，双角后翘，张口吐舌，面向圆钮作吞珠状，两前肢伸张，后肢一曲一伸，直伸的后肢与后尾缠绕，四肢露出三爪，龙身四周饰四朵云纹。素缘。

184　盘龙镜

唐

直径310毫米　缘厚6毫米　重2880克

藏品提供：蒋军成

葵花形，半圆钮。一龙绕钮盘曲，侧首向钮，张口吐舌作吞珠状。两前肢伸张，后肢一曲伸，一直伸，直伸的后肢与尾纠结。其外环绕四朵如意云头纹。素缘。

185　盘龙镜

唐

直径180毫米　缘厚7毫米　重1042克

藏品提供：杨国良

葵花形，圆钮。一龙曲颈绕钮，头侧伸向前，双角后翘，长舌勾卷，二前肢屈肘伸张，其中一肢与尾部相纠结的一后肢相对。镜缘饰有八朵如意云纹。此镜龙的曲转形态少见，背鳍、腹甲、鳞片、肘毛刻画力度大。

186　孔雀鸾鸟飞仙镜

唐

直径134毫米　缘厚7毫米　重540克

藏品提供：宗彬斌

菱花形，圆钮。钮两侧各有一飞仙，披帛飘举，两仙各抬一手举于上方，手持一圆形物，另一手手持折枝。仙人下方各有一云朵随仙人飘逸上升。两仙人间饰鸾鸟一对。缘上各饰云纹四朵，四折枝、四蝴蝶。

187　"卍"字孔雀镜

唐

直径170毫米　缘厚4毫米　重720克

藏品提供：蒋军成

葵花形，圆钮。钮左右各有一只孔雀曲颈相对，花冠上翘，振翅开屏，脚下祥云一朵。钮下莲花绽瓣，二叶相托。钮上四株荷叶环抱的花瓣中饰一"卍"字纹，图纹少见。素缘。

188　十二生肖飞仙镜

唐

直径145毫米　缘厚4毫米　重546克

藏品提供：宗彬斌

圆形，龟钮。钮外环列三重方格，分别饰水波纹，桃形叶瓣和十二生肖。叶瓣内各一字铭，连读为"微物为真，澄质朝神"。大方格与镜缘形成的区域内配置飞仙，飞仙头戴花冠，帔帛后飘。其中隔钮相对的二飞仙均手持圆形物，乘龙飞天圆形内似赤乌，另一飞仙圆形内为花树，当象征日、月。其他两飞仙身前饰芝草花枝。《唐镜大观》66收录此类镜，一飞仙驾六龙，手捧圆形内有赤乌，与此镜骑乘一条龙不同。

189 十二生肖八卦禽鸟镜

唐

直径227毫米 缘厚4毫米 重1400克

藏品提供：张君文

葵花形，圆钮，宝相花钮座。二方框将镜背分为三区，内区八卦环列，中区十二生肖，形态各异，一派盎然生气。外区双鸾与鸳鸯脚踏云头，鸾振翅翘尾，口衔绶带。鸳鸯昂首静立，口衔花枝，颈系绶带。素窄缘。

190 交枝四花镜

唐

直径215毫米 缘厚6毫米 重1205克

藏品提供：杨斌骅

葵花形，圆钮。钮外饰四株交枝花，均为花苞和花叶，并蒂分开于左右，但四花苞和四花叶形态均有别，如花苞，有的含苞未放，有的蓓蕾初绽，有的果实沉甸，展现了花开叶舒、次第绽放的自然之美和富丽堂皇的意境。素缘。

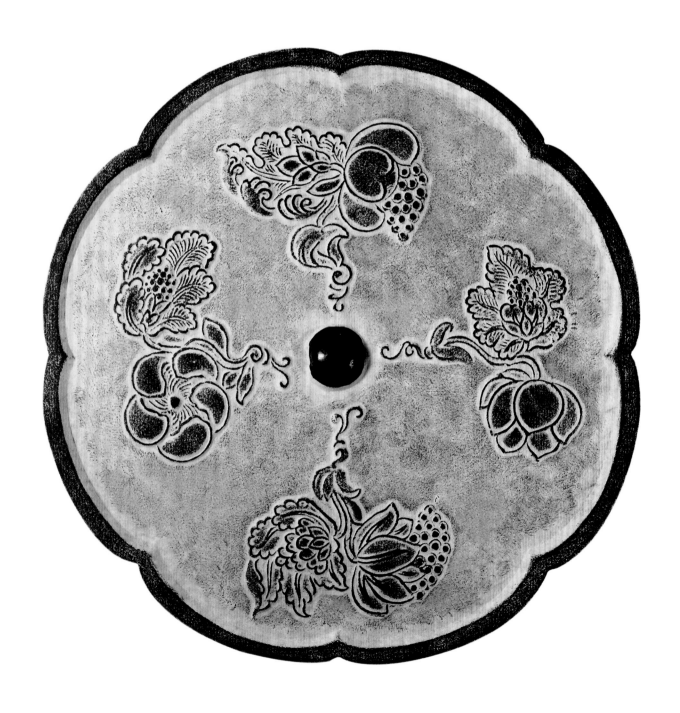

191　缠枝莲花镜

唐
直径210毫米　缘厚5毫米　重1331克
藏品提供：徐俊杰

八瓣葵花形，圆钮，莲瓣钮座。座外八朵呈两种不同形态的花苞相间环绕，缠枝相连。每朵枝条斜出向外连缀一朵花苞，八花苞亦分二种，形成了内外二重四种不同形态的花卉交错排列。素缘。

192　千秋万岁镜

五代

直径341毫米　缘厚5毫米　重1720克

藏品提供：杨斌骅

圆形，圆钮。钮外四方各有一铭文，连读为"千秋万岁"。素缘。

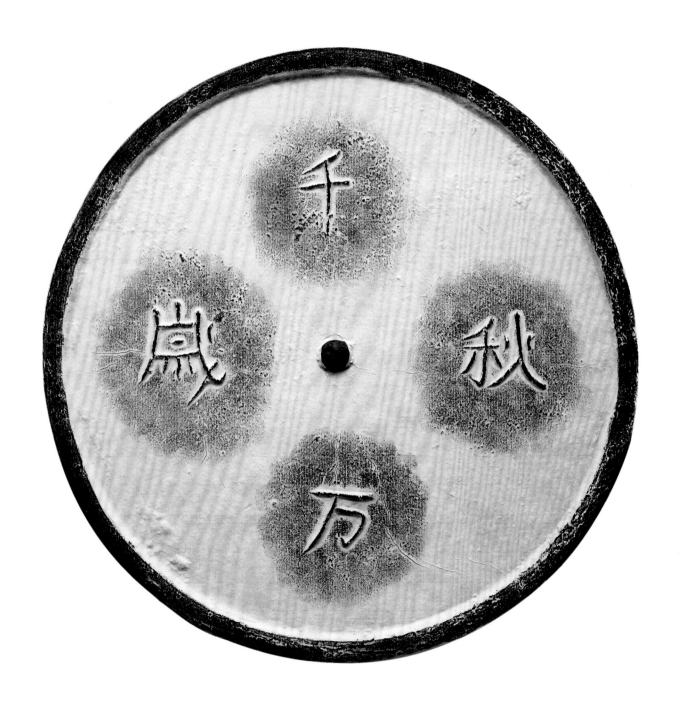

193　大中祥符二年鸾鸟孔雀纹镜

宋

直径378毫米　缘厚8毫米　重2668克

藏品提供：陆旭春

　　圆形，圆钮。串珠形圈带内环列四株花枝纹，圈带外二鸾鸟与双孔雀同向环绕，两两呼应。一鸾曲颈昂首，振翅翘尾，一鸾头顶冠羽，煽动双翅，舒展长尾。一孔雀回首顾盼，双翅微垂，一孔雀引颈前探，翘尾开屏。镜缘刻款为："建州光录坊吴德昭大中祥符贰年捌月日通判莫（押）知州周（押）。"　大中祥符为宋真宗年号，二年是1009年。建州今福建省建瓯市，此镜鸾鸟孔雀俏逸多情，景象盈目，尺寸硕大。

194 "常州"毬路纹镜

宋

直径108毫米 缘厚2毫米 重135克

藏品提供：杨斌骅

亚字形，小圆钮。钮外满饰大毬路纹。钮右侧长方形方格内有三行铭文："常州果子行西，供使蒋家，功夫青铜镜子，请记。"素窄缘。"常州"铭较少见，宋时宜兴隶属于常州府，为研究常州铸镜提供了宝贵的实物资料。

195 "湖州"镜和镜奁

宋

长145毫米 宽107毫米

缘厚5毫米 重381克

藏品提供：陈碧翔

盾形，小圆钮。钮的右侧长方形框内有二行铭文："湖州真石家念二叔照子。"素缘。此镜置于漆镜奁中，奁盖内有竖行朱色文字"张氏□□□"，惜已褪色。

196 "清铜中镜"钟形镜

宋

长149毫米 宽108毫米 重326克

藏品提供：杨国良

钟形，顶部有一小孔。中部有三条平行凸线将与镜同形的图纹左右对分。四个扁"日"字形图案划分为四个铭文区，上部"清铜中镜"铭文横列，下部铭文竖列为："鉴形叩声，应物无情，宝一二用，视听洞明。"凸线下方有一花瓣纹。

197　孔雀方镜

宋

边长135毫米　缘厚3毫米　重333克

藏品提供：张君文

方形，圆钮，花瓣钮座。圈带内两孔雀绕钮相望，首尾相接，双翅伸展，尾羽一只舒张，一只微合，宛如花枝一样秀美婉转，体态婀娜，轻盈灵动。圈带外四角填以盛开的花卉。钮座外一"朱"字铭。素平缘。此镜纹饰精丽，堪称宋镜佳制。

198　交枝五花镜

辽

直径182毫米　缘厚1毫米　重376克

藏品提供：张毅明

圆形，小圆钮，花瓣形钮座。座外五株交枝花环列一周，花枝枝叶舒展，枝头一朵盛开的花瓣，花枝外一周连珠纹。宽平素缘。此镜钮座花瓣层层相叠，典雅秀逸，花开叶舒，韵致悠悠。

199　缠枝牡丹花镜

辽

直径215毫米　缘厚2毫米　重493克

藏品提供：张君文

圆形，圆钮，花瓣钮座，八瓣重叠，别致少见。钮座外环绕四朵盛开的缠枝牡丹花，瓣间伸出丝状花蕊，摇曳多姿，纤秀精丽，外围一周连珠纹。素平缘。

200 "长命富贵"毬路纹镜

辽

直径309毫米　缘厚4毫米　重2051克

藏品提供：蒋军成

圆形，花瓣钮座。瓣间生出花蕊。连珠纹圈带外满饰毬路纹，"长命富贵"四字铭嵌入在毬路纹里。素宽缘。完整的毬路纹里植入吉祥铭文的构图十分少见。

201　双鹦鹉纹镜

辽

直径190毫米　缘厚3毫米　重500克

藏品提供：蒋军成

圆形，圆钮。两鹦鹉同向绕钮环绕，高冠长尾，双翅扇开。宽素缘。图纹简洁，禽鸟形象突出。

202 "梁家记"梵文镜

元

直径130毫米 缘厚3毫米 重370克

藏品提供：徐俊杰

圆形，倒圆台钮，花蕊钮座。钮上饰一梵文，座外饰八瓣莲花瓣，瓣内饰八字梵文，莲瓣之间由三个高低不一的凸线纹连接。莲花瓣外饰连珠纹，近缘处饰连续的金刚杵。金刚杵中间饰有"梁家记"三字铭文。凹面形素缘。

203　群仙贺寿纹镜

明

直径243毫米　缘厚9毫米　重1587克

藏品提供：张毅明

圆形，圆钮，钱纹龙虎钮座。纹饰自上而下多层次配列，钮上长寿老人居中，左上立鹿，右上仙鹤，钮上方有龟。其他各层各有持物仙人及多宝纹，多宝有宝瓶、牛角、方胜、宝钱、仙草等。人物与多宝间插入圆形"李"字和"□□□□"，方形印章。内凹式卷缘。

铜镜缘饰集赏

宜兴民间收藏铜镜精品集

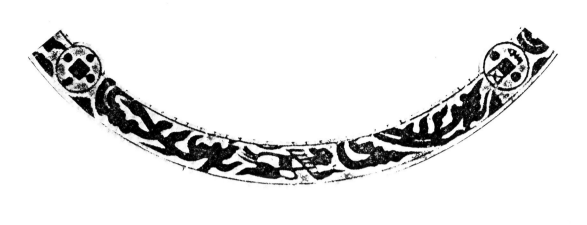

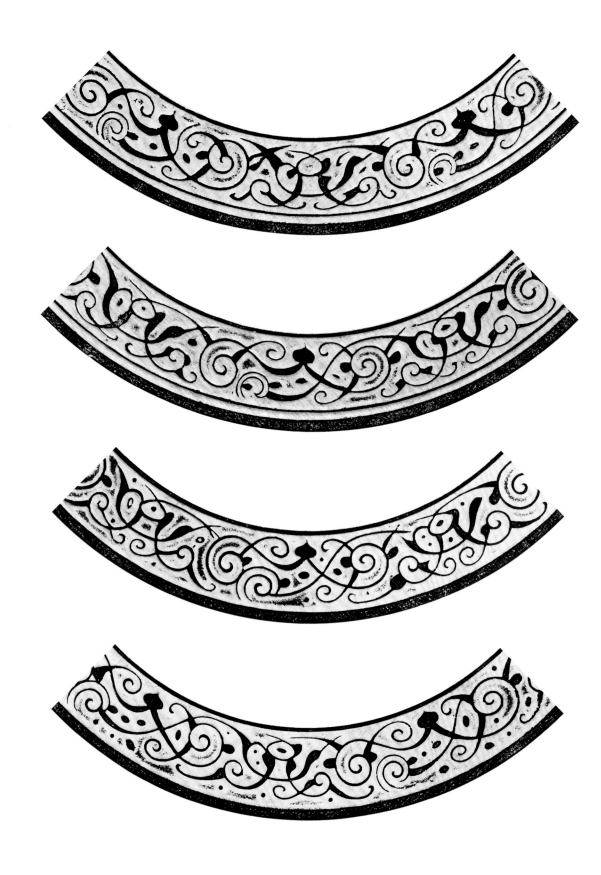

后 记

　　《莹质神工 光耀阳羡——宜兴民间收藏铜镜精品集》经过宜兴铜镜收藏爱好者的共同努力，今天付梓出版了。它是收藏爱好者们珍藏铜镜的菁华。本书自筹备、征集、筛选、定稿、出版历时一年，得到了宜兴市人民政府、中国文物学会青铜器专业委员会、宜兴市文化广电新闻出版局的大力支持和帮助。孔祥星先生不辞劳苦多次亲临宜兴指导，对本书的编写、改稿和审定提出了很多建议，并欣然为本书作序。青铜器专业委员会梁鉴先生往返宜兴数次，做了拓片，并提出了很多宝贵意见。余蔚女士对铜镜的摄影和后期处理做了大量工作。孔震和张宏林先生对铜镜名称的统一、镜铭与说明文字等进行了指导和帮助。黄兴南先生、汤智隽先生、中国铜镜研究会会长狄秀斌先生、常务副会长丁方忠先生和一些资深收藏家为本书的出版予以了鼓励和帮助。

　　本书铜镜的征选，力求全面反映宜兴铜镜收藏的面貌，同时兼顾本书的资料性与艺术性，尽力做到客观翔实、图文并茂。宜兴收藏爱好者收藏的铜镜数量较多、品种丰富，我们只能择其精华，反映概貌。书中镜铭诠释采用了一些新的学术成果，但由于水平有限，错误欠妥之处难以避免，敬请方家批评指正。最后，在出版之际，谨向所有关心和支持本书征编出版的单位和各界人士表示衷心的谢忱。

编 者

责任印制　陆　联

责任编辑　张广然　贾东营

图书在版编目（CIP）数据

莹质神工　光耀阳羡：宜兴民间收藏铜镜精品集 /
宜兴市文物管理委员会办公室编. -- 北京：文物出版
社，2013.3
　　ISBN 978-7-5010-3691-2

Ⅰ.①莹… Ⅱ.①宜… Ⅲ.①古镜—铜器（考古）
-收藏—宜兴市 Ⅳ.①G894

中国版本图书馆CIP数据核字(2013)第029831号

莹质神工　光耀阳羡——宜兴民间收藏铜镜精品集

编　　著　宜兴市文物管理委员会办公室
出版发行　文物出版社
社　　址　北京东直门内北小街2号楼
邮政编码　100007
网　　址　www. wenwu. com
邮　　箱　web@ wenwu. com
印　　刷　北京图文天地制版印刷有限公司
经　　销　新华书店
开　　本　635×965毫米　1/8
印　　张　51.5
版　　次　2013年3月第1版
印　　次　2013年3月第1次印刷
书　　号　ISBN 978-7-5010-3691-2
定　　价　618.00元